LebensWelt

gemeinnützige Gesellschaft für interkulturelle Jugendhilfe mbH · 2019

20 Jahre LebensWelt

1999 - 2019

Innen-
ansichten

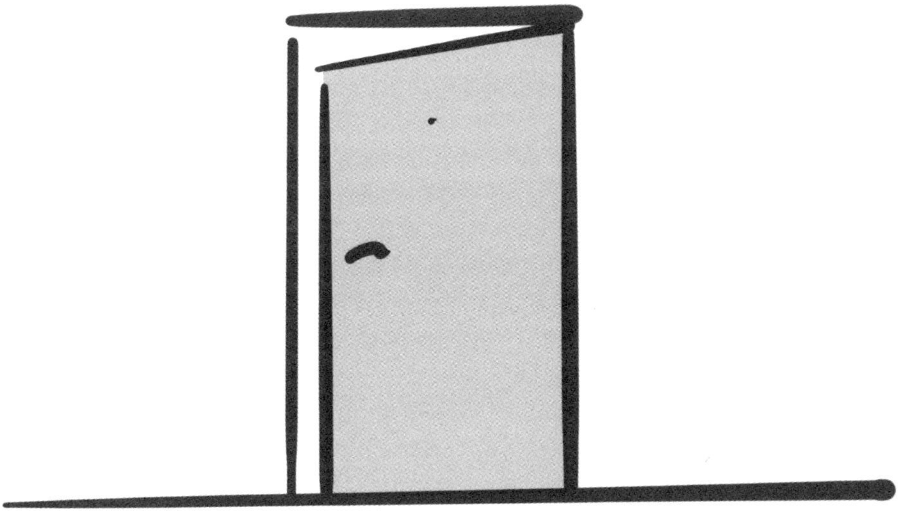

ambulanter
Erziehungshilfen

Ein Lesebuch

LebensWelt

LebensWelt gGmbH (Hrsg.)
Maxstr. 3a, 13347 Berlin
Tel.: 030 - 61 62 56 01 | Fax: 030 - 61 62 56 26
info@lebenswelt-berlin.de | www.lebenswelt-berlin.de

Redaktion: Heike Kreßler, Uwe Sasse, Dafina Sejdijaj

Umschlaggestaltung und Grafik: Martin Brosch, Berlin

ISBN 978-3-942465-19-9

Inhalt

Vorwort

Mit dem vorliegenden Lesebuch, das aus der Praxis ambulanter Erziehungshilfe heraus Fallbeispiele interkultureller Jugendhilfe beschreibt, wird ein Teil des interkulturellen Handelns in Einrichtungen gewürdigt und einer breiteren Leserschaft zugänglich, der sonst selten in dieser Plastizität »nach außen« gelangt. In der Regel sind die hier dargestellten Fallbeispiele Gegenstand der »internen« Reflexion in Einrichtungen. Die meisten der dargestellten Fallbeispiele entstammen dem Bereich der Sozialpädagogischen Familienhilfe. Sozialpädagogische Familienhilfe ist seit der Gründung des Trägers vor 20 Jahren das „Kerngeschäft“ von LebensWelt.

Die Sozialpädagogische Familienhilfe nimmt unter den acht Hilfen zur Erziehung eine besondere Stellung ein. Sie stellt einerseits die intensivste der ambulanten Hilfen dar, andererseits hebt sie sich deutlich durch ihre Charakteristik ab. Es geht in dieser Hilfeform nicht ausschließlich um die Schwierigkeiten eines einzelnen Kindes oder Jugendlichen, auch wenn häufig der Anlass der Hilfegewährung die Gefährdung des Kindeswohls ist. Die Besonderheit liegt darin, dass sich diese Hilfe auf die Familie als Ganzes konzentriert. Der Ansatz ist in diesem Sinne mehrdimensional. Die Gestaltung der Hilfe ist überwiegend durch eine Geh-Struktur bestimmt. Die Fachkräfte suchen die Familien in ihrem Lebensumfeld auf, d.h. es ist eine sehr „privatsphären-intensive Unterstützungsform“, die besondere Ansprüche an die Wahrung von Formen professioneller Nähe und Distanz stellt. Dieses ist häufig eine Gratwanderung und wird hier von den Autor*innen des Buches differenziert beschrieben. Es wird anschaulich dargestellt, wie die Fachkräfte von LebensWelt im Prozess des Hilfegeschehens ihre Arbeit kultursensibel und fallangemessen-kreativ gestalten.

Zentrale Frage bei allen hier dargestellten Fallbeispielen ist die nach den Faktoren, welche als »Türöffner« dienen, die eine Hilfe zu einer »erfolgreichen Hilfe« machen.

Der/die Leser*in erfährt hier anschaulich, was interkulturelle Arbeit in der Praxis heißt. In der Einleitung des Lesebuches erläutern die drei Bezirksleitungen der ambulanten Hilfen von LebensWelt, Heike Kreßler, Dafina Sejdijaj und Uwe Sasse, die dieses Buchprojekt initiiert haben, was Sie im Einzelnen in diesem Buch erwartet. Diesen gilt ein herzlicher Dank!

Ebenso danken wir den Autor*innen Magdalena Danielewicz, Elisabeth Esper, Ulrike Hahn McKnight, Najwa Haider, Ksenija Jüngling, Katarzyna Koziol, Diana Martin, Xiaoqing Xu.

Wir wünschen Ihnen eine anregende und »Impuls gebende« Lektüre.

Mehmet Asci, Nalan Özenir
Geschäftsführung LebensWelt gGmbH

* * *

Einleitung

Am Anfang unseres Buchprojektes standen zwei Impulse. Zum einen das, was wohl jede Koordination ambulanter Hilfen kennt - dass beim Lesen von Berichten oder bei einer gemeinsamen „Fallreflexion" mit einer Fachkraft immer wieder der Gedanke kommt: „Den Entwicklungsprozess dieser Familie müsste man doch mal ausführlicher und in einem anderen Rahmen erzählen!"

Hinzu kam dann nach einem Brainstorming im Kolleg*innenkreis die Wahrnehmung, dass so, wie in Berlin in den letzten Jahren ambulante Hilfen in Auftrag gegeben werden, und wie wir die Praxis erleben, die Stärken der ambulanten erzieherischen Hilfen immer weniger zur Geltung kommen. Wir stellen eine Zunahme an bürokratischen Aufgaben fest, die erzieherisch relevante Inhalte immer mehr dominieren. Die vorgenommenen Kürzungen der Fachleistungsstunden, die für eine Sozialpädagogische Familienhilfe in der Regel zur Verfügung stehen, steuern das ihrige zu dieser Entwicklung bei.

Das Ziel, wirksame und sinnvolle Hilfen für Kinder, Jugendliche und ihre Familien durchzuführen, bleibt aber für Fachkräfte trotz veränderter gesellschaftlicher und struktureller Rahmenbedingungen und trotz des an vielen Stellen spürbaren Kostendrucks[1] bestehen. Es entsteht ein Spannungsfeld zwischen dem eigenen Anspruch an die Arbeit einerseits und den oft knap-

1 In der Regel bekommen heute Familienhelfer*innen in Berlin 4-6 Stunden in der Woche pro Familie. Die Dauer der Hilfe liegt bei ein bis zwei Jahren. Im Vergleich dazu lagen Anfang der 80er Jahren die wöchentlichen Stundenkontingente bei 93 % der Familienhilfen bei 8 bis über 20 Wochenstunden pro Familie. Üblich waren 10-15 Stunden pro Woche, um eine Familie ganzheitlich zu unterstützen. Die Dauer der Hilfe betrug damals in der Regel 1-3 Jahre (vergl. Nielsen und Nielsen S. 60/61, Weinheim und Basel 1986).

pen Ressourcen andererseits. In einzelnen Beiträgen dieses Buches wird dieses Spannungsfeld deutlich. Der individuelle Umgang der Fachkräfte mit diesen Bedingungen und die Bedeutsamkeit der Beziehungsarbeit für wirksame Hilfen erscheinen uns spannend.

Werfen wir einen kurzen Blick auf die Anfänge und die Geschichte der Sozialpädagogischen Familienhilfe:

1969 wurden in Berlin die ersten Sozialpädagogischen Familienhilfen von der „Berliner Gesellschaft für Heimerziehung" durchgeführt. Damals sollte die Sozialpädagogische Familienhilfe eine beziehungserhaltende und zugleich kostengünstige Alternative zur Heimunterbringung von Kindern sein. Das Konzept der Familienhilfe griff dabei die damaligen reformpädagogischen Ansätze auf, die darauf abzielten, entlastende Hilfe in überlasteten Familien vor Ort praktisch zu leisten, gepaart mit dem Anspruch, die Familie dazu zu befähigen, langfristig ihr Familienleben wieder selbst bewältigen zu können. Hierbei sollten entlastende Faktoren wie Verwandtschaft, Nachbarschaft oder Gemeinwesen mit berücksichtigt und einbezogen werden. Es ging darum, Familien in Not ganzheitlich zu helfen und mit den Familien gemeinsam tätig zu werden. Der fachliche Anspruch an diese Hilfeform war damals schon, eine Hilfe zur Selbsthilfe zu leisten.

Seit dieser Zeit wurde die Sozialpädagogische Familienhilfe zunehmend von den verschiedenen Westberliner Bezirken eingesetzt, um Familien in Not ambulant zu unterstützen. Ende 1978 wurden in allen 12 Westberliner Bezirken Familienhelfer*innen eingesetzt, die als Honorarkräfte durch das jeweilige Bezirksamt beauftragt waren. 1981 erließ der Berliner Senat die ersten Familienhelfervorschriften. Am 01.01.1991 trat das Kinder-und Jugendhilfegesetz (KJHG) in Kraft und löste das Jugendwohlfahrtsgesetz (1961-1990) ab.

Das KJHG lässt sich als Antwort auf die politische und fachliche Kritik an der Kontroll- und Eingriffsorientierung der vorherigen gesetzlichen Grundlagen verstehen. Es ist konzipiert als ein „Angebote- und Leistungsgesetz" für Kinder, Jugendliche und ihre Eltern; es setzt auf Unterstützung und Hilfsangebote. Die Sozialpädagogische Familienhilfe wurde neben weiteren Hilfeformen als ambulantes Angebot im Rahmen der Hilfen zur Erziehung für Familien im Gesetz festgeschrieben. Die Entwicklung eines Hilfeplanverfahrens, die Identifikation geeigneter Methoden und die Indikationen für die unterschiedlichen Hilfeformen befanden sich da noch in einem frühen Stadium der Professionalisierung.

Um die Jahrtausendwende ergab sich eine weitere strukturelle Veränderung, als die Sozialversicherungsträger erhöhtes Augenmerk auf Honorararbeitsverhältnisse warfen und über das Thema „Scheinselbständigkeit“ sowohl für Honorarkräfte als auch für die Bezirksämter deutlicher Druck entstand. Die Bezirksämter, die bis dahin mit sozialpädagogischen Honorarkräften arbeiteten, beendeten dann relativ zügig diese Arbeitsverhältnisse und gingen Kooperationen mit freien Trägern ein, die fortan die Familienhelfer*innen und andere ambulante Fachkräfte beschäftigten.

Die Vereinbarung von Fachleistungsstundensätzen führte für das Land Berlin zu einer deutlichen Verteuerung der einzelnen Hilfeleistung. Dieser Entwicklung wurde entgegengesteuert, indem einerseits die durchschnittlich bewilligte Stundenzahl pro Familie nach und nach reduziert wurde. Darüber hinaus wurde an der Entwicklung von Qualitätsstandards gearbeitet, um die Effizienz der Hilfen zu fördern und damit die Nachhaltigkeit und Wirksamkeit der Hilfen zu erhöhen. Dies wirkte sich folglich auf die Arbeitsweise der ambulanten Fachkräfte aus.

Zusammenfassend können wir sagen: Sozialpädagogische Familienhilfe hat sich im Wandel der Zeit als ambulantes Jugendhilfeangebot für Familien in Not bundesweit etabliert. Der ganzheitliche Ansatz (bestehend aus handlungsorientierten Ansätzen, kompensatorische Elementen, Beratung, Sozialraumorientierung, Integration unterschiedlicher therapeutischer Erkenntnisse in die Arbeit, etc.) erfordert eine kontinuierliche professionelle Beziehung zwischen Familie und Fachkraft und auch ausreichend Zeit.

Nun zurück zu den in diesem Buch geschilderten, konkreten „Hilfegeschichten“:

Interessant war im Entstehungsprozess des Buches, dass sich unser Blick immer wieder auf diejenigen richtete, die in die Palette der Hilfeangebote nur schwer hineinpassen und eher zu den „Aufgegebenen“ zählen. Damit knüpften wir - bewusst oder unbewusst? - an eine heute fast vergessene, oben beschriebene Tradition der Familienhilfe an: diejenigen zu erreichen, die anderer Zugangsweisen bedürfen.

So subjektiv, wie der Weg zu der hier gesammelten Auswahl von Hilfeverläufen war, blieb auch das Verfahren zur Realisierung dieses Buches. Es fanden sich drei Koordinator*innen, die das Projekt - eine Würdigung der ambulanten Erziehungshilfen und der dazugehörigen Fachkräfte - zusammen entwickeln wollten. Wir sprachen dann verschiedene Fachkräfte an, von denen wir glaubten, sie hätten eine spannende Hilfegeschichte zu erzählen und könnten auf eine interessante Weise über ihre Arbeit und ihre Erfahrungen schreiben. So kamen wir zu unserer Auswahl.

Alle Kolleg*innen, die hier schreiben, sind langjährig in den ambulanten Hilfen zur Erziehung tätig, alle sehen diese Art zu arbeiten nicht als einen „Job", sondern als einen „Beruf" an.

In den unterschiedlichen Beiträgen schildern wir nicht die ganze Bandbreite des Arbeitsfeldes und wir versuchen, weitgehend auf das Fundament der theoretischen Grundlagen und Analysen der Strukturen zu verzichten. Stattdessen möchten wir einen ausführlichen Praxiseinblick in die ambulanten Hilfen als Beziehungsarbeit geben. So wird nachvollziehbar, warum gerade diese Hilfen dieser Fachkräfte genau in diesem „Fall" wirksam werden konnten. Es ist also nicht beabsichtigt zu vermitteln, wie allgemein an ambulante Hilfen heranzugehen sei.

Einige Kolleg*innen haben für ihre Darstellung einen Hilfeprozess ausgewählt, an dem sie aufzuzeigen versuchen, was das Geheimnis dieser Art, Menschen in ihrer Entwicklung zu unterstützen, ist; andere haben aus ihren Erfahrungen mit der ambulanten sozialen Arbeit in einer Vielzahl von Familien ein „Destillat" gewonnen.

In den Berichten werden anstelle der Klarnamen Pseudonyme verwendet, um Anonymität zu gewährleisten. Die Darstellungen werden zum Teil auch verfremdet, ohne dass die Substanz des Hilfeprozesses verfälscht wird.

Für uns alle waren bereits die Treffen, die wir insbesondere im Vorfeld mit den Autor*innen abhielten, bevor jede ihre Geschichte oder Darstellung schrieb, spannend und auch erfüllend. Ideen wurden vorgestellt, wir versuchten in Worte zu fassen, was uns so wichtig an der Arbeit ist, warum wir vom Ansatz der ambulanten sozialen Arbeit so überzeugt sind, was die Erfolgsmomente in der Arbeit ausmacht etc. Leseproben ließen uns neugierig auf die weiteren Berichte und Erzählungen blicken.

Nun liegen alle Beiträge vor und wir wünschen allen Leserinnen und Lesern Vergnügen und Erkenntnisgewinn bei dieser Reise in das „Innenleben" der mit Leben erfüllten §§ 27ff. des SGB VIII.

Berlin, 30.07.2019
Heike Kreßler, Dafina Sejdijaj, Uwe Sasse

Meine Gespräche mit Mussa

Auf der Suche nach einem Gleichgewicht zwischen traditionell orientierten Eltern und ihren jugendlichen Kindern

Najwa Haider

In diesem Beitrag werde ich auf einen Hilfeprozess eingehen, den ich etwa zwei Jahre – von 2015 bis 2017 – begleiten konnte.

Ich möchte von dieser Arbeit berichten, da ich auf eine gute und gelungene Zusammenarbeit mit einer Familie zurückblicke, obwohl es schwerwiegende Probleme zwischen den drei Kindern/Jugendlichen und ihren Eltern gab.

Es handelte sich nicht nur um die üblichen intergenerativen Probleme, die zwischen Eltern und ihren Kindern auftreten können, sondern auch um kulturell geprägte Probleme und Konflikte. Die Jugendlichen standen zwischen den Erwartungen ihrer traditionell orientierten Eltern und einem urbanen, von Globalisierung und vielfältigen Milieus geprägten Deutschland. Infolge der unterschiedlichen Lebenswelten, in denen sich die Kinder und ihre Eltern bewegten, entstanden innerfamiliäre Konfliktsituation und Identitätskrisen, in denen anfangs keine dialogischen Gespräche und Lösungen zu Hause möglich schienen.

Die „Kinder" waren die Tochter Saida[1], 19 Jahre, und die Söhne Mussa, 16 Jahre und Abed, 11 Jahre. Sie wurden alle in Deutschland geboren und konnten kaum Arabisch sprechen. Die Ehe der Eltern wurde als unharmonisch beschrieben; die Eltern sagten selbst, sie seien miteinander zwangsverheiratet worden. Der Sohn Mussa wurde als depressiv beschrieben und hatte über längere Zeit die Schule nicht besucht.

1 Alle Namen der Familie wurden geändert.

Kennenlernphase und Hintergründe

Als ich die sozialpädagogische Familienhilfe für Fam. K. übernommen habe, wurde mir über die Vorgeschichte der Familie folgendes berichtet:

Nachdem wiederholte Meldungen von der Schule wegen der Schulversäumnisse von Mussa beim Jugendamt eingegangen waren, wurde Mussas Vater mit Mussa wieder einmal zum Gespräch in die Schule eingeladen. Dieses Mal saß auch das Jugendamt mit am Tisch. Die familiäre Situation sowie die schulische Situation von Mussa wurden erörtert. Bevor ich die Sozialpädagogische Familienhilfe übernahm, erfuhr ich, dass die Eltern von Mussa seit vielen Jahren gemeinsam mit ihren drei Kindern in Berlin-Reinickendorf lebten.

Der Vater gab im Jugendamt an, dass es zuvor nie solche Probleme in der Familie gegeben habe. Sie würden ihre Probleme auch *innerhalb* der Familie klären. Die Sozialarbeiterin des Jugendamtes hatte berichtet, dass Herrn K. die Situation und das Gespräch in der Schule äußerst unangenehm gewesen seien.

Mussa berichtete gegenüber dem Jugendamt, dass er sehr ungern in die Schule gehe. Er fühle sich im Klassenverband nicht wohl, werde häufig von Mitschülern provoziert und reagiere dann mit Aggressionen. In der letzten Zeit sei es ihm sichtlich schwer gefallen, regelmäßig die Schule zu besuchen.

Mussa klagte über Magenschmerzen am Morgen und dass es ihm generell schwer falle aufzustehen. Von seinen Eltern fühle er sich unverstanden. Er sagte, er sehe sich als Sündenbock der Familie, da die Geschwister nicht solche Probleme verursachen würden wie er.

In dem Gespräch wurden die Spannungen zwischen Mussa und seinem Vater deutlich sichtbar. Der Vater bagatellisierte die Probleme seines Sohnes. Er müsse nur regelmäßig zur Schule gehen, dann gäbe es auch keine Probleme. Der Vater berichtete von finanziell überzogenen Erwartungen des Jungen.

Mussa bestritt die Angaben seines Vaters. Er betonte mehrmals, dass er am liebsten zu Hause ausziehen würde und erkundigte sich nach den Möglichkeiten einer Unterbringung.

Die gegenwärtige familiäre Situation konnte nicht eingeschätzt werden, da zwar der Vater und der Sohn eine Klärung der Angelegenheit wünschten, ihre Situation während des Gespräches jedoch unterschiedlich darstellten. Herr K. zog Mussas Äußerungen zum Teil ins Lächerliche.

In der Vergangenheit sei Mussa durch extrem aggressives Verhalten aufgefallen, so das Jugendamt. Es sei nicht einzuschätzen, ob die Kindeseltern in der Lage seien, ihrem Sohn Einhalt zu gebieten und ihm seine Grenzen aufzuzeigen. Hinzu komme, dass nach Aussage des Psychotherapeutin von Mussa, davon auszugehen sei, dass Mussa spielsüchtig sei und nicht mehr aus seiner „Cyber-Welt" hinauskomme.

Während des ersten gemeinsamen Gespräches wurden bereits erste Hilfsmöglichkeiten angeboten und erörtert. Herr K. erklärte sich schließlich mit dem Einsatz einer Sozialpädagogischen Familienhilfe einverstanden.

Eine Woche später fand die Hilfekonferenz im Jugendamt statt, wo ich gemeinsam mit meiner pädagogischen Leitung auf die Familie ca. eine halbe Stunde im Flur wartete. Zunächst dachten wir, dass die Familie nicht mehr komme, aber die Eltern kamen dann mit Mussa. Der Vater lief schnell voraus und wirkte nervös, die Mutter und Mussa folgten nacheinander.

> Vater: „Es tut mir leid für die Verspätung. Ich muss arbeiten, ich kann nicht lange bleiben. Ich habe gestern meinem Chef Bescheid gesagt, dass ich heute spät zur Arbeit komme."
> Mutter (flüstert in ihrer Muttersprache): „Er will immer lange Geschichte erzählen!"
> Sozialarbeiterin des Jugendamtes: „Kommen Sie bitte alle herein. Schön, dass Sie da sind. Wie geht es Ihnen?"
> Vater: „Ja, danke - alles gut, und Ihnen und Ihrer Familie?"
> Sozialarbeiterin des Jugendamtes: „Danke, gut. Verstehen Sie mich Frau K.?"
> Vater: „Ja meine Frau versteht Sie gut, sie hat Abitur; meine Tochter hat auch dieses Jahr das Abitur geschafft und mein jüngster Sohn ist immer der Erste in seiner Klasse!"
> Mutter (sie schaut den Vater irritiert an): „Ja, ich verstehe Sie".
> Mussa: Lächelt.

Es ist die erste emotionale Reaktion von ihm, er war bis dahin die ganze Zeit sehr still gewesen, hatte nur mit „nein" oder „ja" geantwortet und zu Boden geguckt.

Wir stellten uns vor. Die Mutter kam kaum zu Wort, da der Vater das Gespräch übernommen hatte. Einmal setzte die Mutter an zu antworten; sie wollte die Probleme mit Mussa aus ihrer Sicht beschreiben, da unterbrach der Vater sie und flüsterte auf Arabisch, sie solle den Mund halten.

Nach der Hilfekonferenz machten wir einen Termin für den ersten Hausbesuch aus. Die Eltern hatten zunächst Schwierigkeiten, einen Termin mit mir zu vereinbaren, doch nach einer etwa fünfminütigen Diskussion klappte es. Um die Situation etwas zu entspannen, hatte ich ihnen gesagt, sie sollten in Ruhe schauen und könnten mich dann später anrufen und Bescheid sagen, wann genau es passt, damit ich alle Familienmitglieder kennen lernen könnte.

Meine ersten Gedanken nach diesen Begegnungen waren, dass es für mich als Familienhelferin schwer werden könnte, eine Arbeitsbeziehung herzustellen. Es gab auch Unklarheiten über den Auftrag und die Hilfeziele. Ich war aber auch gespannt auf den Hilfeprozess und habe mich zum Erstgespräch mit der Familie so vorbereitet, dass v.a. der Aufbau einer vertrauensvollen Atmosphäre im Mittelpunkt stehen sollte.

Beginn der Hilfe – Hausbesuche

Mein erster Hausbesuch bei Familie K.

Ich klingelte am Nachmittag um 15:00 Uhr. Es gab viele Schuhe vor der Tür, die Mutter öffnete die Tür und sagte: „Herzlich willkommen, Frau Haider. Kommen Sie bitte herein. Hier ist das Wohnzimmer, ich komme gleich wieder."

Die Wohnung erschien mir sehr dunkel und eng; überall dunkle Farben – die Vorhänge, das Sofa, der Teppich… Es hingen überall Porträts. Ich erfuhr, dass es die Porträts der Urgroßeltern seien. Neben mir auf dem Sessel lag ein großer Wäschehaufen; die Reste vom Frühstück waren immer noch auf dem kleinen Tisch.

Nach zehn Minuten erschien die Mutter wieder und sagte: „Es tut mir leid, ich hab nicht geschafft, die Wohnung aufzuräumen. Sie wissen schon, die Frauen müssen den Haushalt allein machen." Ich antwortete: „Das macht nichts. Sie sehen müde aus, Frau K. Sind Sie krank?" Mutter: „Ja, ein bisschen." Ich: „Hätten Sie mir Bescheid gesagt, dann hätte ich einen anderen Termin ausgemacht." Mutter: „Ach, ich bin immer so müde und hab keine Lust, irgendwas zu machen."

Da kam Mussa aus seinem Zimmer heraus. Er hatte eine Jeans an und ein kleines, ungepflegt wirkendes T-Shirt. Er war sauer, weil er kein ordentliches T-Shirt gefunden hatte.

Seine Mutter bat ihn, mich zu fragen, was ich gern trinken möchte. Sie sprach mit ihm in einer Mischung aus gebrochenem Deutsch und Arabisch. Er antwortete ihr, dass er mir nichts anbieten könne, da er nicht genau wisse, wo der Tee oder die Tassen seien.

Die Mutter sagte daraufhin: „Okay, ich gehe selbst, um den Tee vorzubereiten."

Als der Vater von seiner Arbeit kam, stand ich auf, um ihm zur Begrüßung meine Hand zu geben. Er sagte zu mir: „Bleiben Sie bitte sitzen, ich gebe Frauen nicht meine Hand."

Zwei Minuten Schweigen ...

Ich sagte daraufhin: „Schade" und fuhr fort: „Ich dachte, dass ich heute auch Saida und Abed kennenlernen kann."

Vater: „Saida und Abed haben eigentlich keine Probleme; das große Problem ist Mussa bei uns. Er ist spielsüchtig und geht nicht regelmäßig zur Schule. Wir müssen so viel Geld bezahlen, wenn er so bleibt. Er braucht sowieso so viel Geld für seine Unterhaltung; wir wollten eigentlich auch keinen Kontakt mit dem Jugendamt haben, Mussa ist schuld daran. Wir können unsere Probleme allein lösen - na ja, man kann es jetzt nicht ändern. Mussa war immer der Erste in seiner Klasse und auf einmal ist er anders geworden. Er geht nicht mehr zur Moschee, er besucht nicht mehr unsere Verwandten. Gott sei Dank, sind Abed und Saida sehr brav. Sie machen alles, was ich will."

Als die Zeit kam, sich zu verabschieden, frage ich Mussa, ob er mich hinunter begleiten könne. Es falle mir schwer, mich zu orientieren, weil das Wohnhaus viele Ausgänge habe.

Mussa kam mit mir zum Ausgang und sagte: „Das war voll peinlich! Es tut mir leid für alles!!!"

Ich: „Warum, was tut dir leid?"

Mussa: „Dass mein Vater dir nicht die Hand gegeben hat."

Ich: „Ach nein, ich habe das schon mehrmals erlebt mit anderen Familien. Irgendwie habe ich mich daran gewöhnt und ich möchte die anderen Leute so akzeptieren, wie sie sind.

Mussa: „Ehrlich?! So einfach ist das?!"

Mein zweiter Hausbesuch bei der Familie

Bevor Mussa von der Schule nach Hause kam, war ich mit der Mutter allein zu Hause. Sie war sehr neugierig, befragte mich über meine Herkunft, ob ich verheiratet sei, ob ich Kinder hätte. Mich störten diese Fragen nicht, da ich davon ausging, dass ich über eine gewisse Offenheit auch eine vertrauensvolle Arbeitsbasis schaffen könnte.

Sie fragte weiter, wie ich es geschafft hätte, in Deutschland „einfach als Familienhelferin" zu arbeiten.

Ich antwortete: „So einfach, wie du vielleicht denkst, ist es nicht gewesen. Ich habe in meiner Heimat studiert, dann habe ich anfangs in Deutschland auch außerhalb meines Bereichs gearbeitet."

KM: „Aber bestimmt nicht wie ich, ich bin der unglücklichste Mensch!" Sie weinte.

In diesem Moment kam Mussa herein und sah, dass seine Mutter weinte. Ich erkannte sofort, dass er keine besondere Reaktion zeigte. Er frage sie nur: „Was gibt es zu essen?"

Es wirkte, als ob es für ihn normal wäre, seine Mutter weinen zu sehen, möglicherweise hatte er sich schon daran gewöhnt.

Die Mutter begann sofort, Mussa zu kritisieren, dass er faul sei, sich nicht allein das Essen machen oder vorbereiten könne, dass er keine Lust habe auszugehen.

Das nutze ich für mich als Chance, Mussa zu fragen, ob er mich zur S-Bahn-Station bringen könne, da ich den Weg nicht so gut kennen würde. So kam ich langsam mit ihm ins Gespräch.

Als wir draußen waren, fragte Mussa mich: „Warum soll ich Sie immer hinunter bringen?"

Ich: „Stört dich das?"

M: „Ich weiß nicht, es ist einfach nur so `ne Frage."

Ich: „Ich möchte mit dir reden."

Mussa: „Über was?"

Ich: „Über alles Mögliche. Als wir beim Jugendamt waren, habt ihr (du und deine Eltern) entschieden, dass ihr mit mir arbeiten solltet oder möchtet?"

Mussa: „Ach ja, genau. Mein Vater hat mich gezwungen, dorthin zu ge-

hen. Eigentlich wollte ich nicht mit einer arabischen Familienhelferin arbeiten oder reden."
Ich: „Jetzt willst du immer noch nicht mit einer arabischen Familienhelferin zusammenarbeiten?"
Mussa: „Doch ich will, aber am Anfang dachte ich, dass du wie meine Mutter oder meine Tante aussehen würdest".
Ich: „Dann sehen wir uns in unseren Praxisräumen?"
Mussa „Ich weiß nicht."
Ich: „Unsere Praxisräume sind nicht weit weg von eurer Wohnung entfernt, treffen wir uns dort?"
Mussa: „Ich weiß nicht."
Ich: „Soll ich dich abholen?
Mussa: „Ja, das wäre nett."

Mein dritter Hausbesuch (Saida – die Schwester, Mussa und die Eltern)

Als ich die Wohnung der Familie betrat, fühlte ich sofort eine Spannung. Es gab wohl gerade Streit zwischen der Mutter und Saida.

Mutter: „Saida, du musst Fleisch essen, ich habe extra für dich `was vorbereitet."
Saida: „Mama, du weißt schon, dass ich Vegetarierin bin und trotzdem willst du mich zwingen, Fleisch zu essen, ich verstehe das nicht, du bist unglaublich!"
Mutter: „Ist es meine Schuld, dass ich dir gesundes Essen mache?"
Saida: „Fleisch ist für mich kein gesundes Essen! Es ist so schwer für euch, meine Meinung zu akzeptieren!" Saida möchte die Wohnung verlassen.
Die Mutter sagte: „Saida, komm wieder 'rein, du darfst mit solch einer Hose gar nicht hinaus. Was werden deine Verwandten sagen, wenn sie dich so sehen, schäme dich ein bisschen."

Saida ging dennoch hinaus, mit der Kleidung, die sie gerade trug.

Vater: „Wie schön war es, als die Kinder klein waren. Sie haben alles gemacht, was wir sagten und wollten. Je älter die Kinder werden, desto mehr Last auf unseren Schultern werden wir tragen."

In dieser Situation gewann ich den Eindruck, dass der Vater offener ist als die Mutter. Er sagte seiner Frau, dass sie für Saida doch vegetarisches Essen kochen solle; das sei die Lösung, um ständigen Streit zu vermeiden. Er fand, dass alles okay mit Saida sei. Bei Mussa liege das große Problem. Er bat mich darum, mit Mussa zu sprechen und ihn davon zu überzeugen, mit ihm regelmäßig zur Moschee zu gehen, Verwandte zu besuchen und nicht mehr immer zu Hause zu bleiben und zu spielen.

Ich entschuldigte mich, dass ich das Gespräch unterbrechen müsse, da ich vorhätte, mit Mussa hinaus zu gehen.

Der Vater antwortete: „Ja, das finde ich eine gute Idee. Aber bitte reden Sie mit ihm immer nur Arabisch, damit er seine arabische Sprache verbessern kann. Mussa kann nicht gut Arabisch sprechen."

Ich: „Warum sprechen Sie nicht Arabisch mit ihren Kindern?

Vater: „Weil meine Kinder kein Arabisch verstehen und wir deswegen zusammen Arabisch-Deutsch reden".

Ich: „Wenn Ihre Kinder kein Arabisch verstehen und sprechen können, wie soll ich mich dann auf Arabisch mit ihnen verständigen?"

Vater: „Ich habe leider nicht genug Zeit für meine Kinder, um ihnen die arabische Sprache beizubringen."

Mussa in ironischem Tonfall: „Mein Vater hat nur Zeit zum Anmeckern".

Nach mehreren gemeinsamen Gesprächen und Einzelgesprächen mit allen Familienmitgliedern habe ich eine Vertrauensbasis mit der Familie schaffen können. Wichtig war dabei, die Sichtweise der einzelnen Familienmitglieder zu verstehen. Durch aktives Zuhören und Beobachtungen habe ich versucht, die Welt so zu sehen, wie die Kinder und die Eltern sie sehen.

Ich begann, die Familiendynamik und die Beziehungen und Konflikte zu verstehen.

Nach meiner Einschätzung waren die Probleme zwischen den Kindern (Mussa und Saida) und ihren Eltern einerseits kulturell geprägt. Die Eltern leben sehr traditionell, die Kinder haben sich in Berlin schon ganz gut eingelebt. Dadurch entstehen innerfamiliäre interkulturelle Konflikte. Darüber hinaus sind die älteren Kinder auf dem Weg der Verselbständigung (intergenerative Konflikte infolge der Pubertät).

Ich zog daraus den Schluss, dass es eine Aufgabe der Familienhilfe sein würde, diese Konflikte mit allen Beteiligten zu thematisieren und zu versuchen, Ausgleiche zwischen den verschiedenen Sichtweisen, Haltungen und Interessen der Familienmitglieder zu finden. Darüber hinaus würde es darum gehen, eine konstruktive Kommunikation zu fördern.

Zunächst war meine Aufgabe als Familienhelferin, die Probleme zwischen den Familienmitgliedern sowie die individuellen Probleme zu identifizieren, damit die Familie und ich an Lösungen der Konflikte würde arbeiten können. Es galt, alle dabei zu unterstützen, Hindernisse und Blockaden, die ihre Beziehungen erschwerten, zu erkennen und zu beseitigen. Die eigentliche Herausforderung bestand nun darin, die Familie nicht zu belehren, sondern ihnen durch Feedback ihr Verhalten zu spiegeln und mit ihnen herauszufinden, welche Veränderungen sie sich wünschten.

Nachdem ich einen Einblick in die familiäre Situation gegeben habe, möchte ich abschließend näher auf die Arbeit mit Mussa eingehen.

Mussa im Fokus

Mussa sollte wieder regelmäßig die Schule besuchen. Das war ein wichtiges Richtungs- und Handlungsziel der Hilfe.

Es stand die Diagnose im Raum, dass Mussa eine soziale Phobie habe und dass er Nähe fürchte. Mussa erhielt deswegen bereits therapeutische Hilfe. Vor diesem Hintergrund schien mir nichts wichtiger, als eine tragfähige und gute Arbeitsbeziehung zu Mussa aufzubauen.

Ich achtete sorgfältig auf jedes kleines Detail bei unseren Begegnungen. Es war sehr wichtig, ihn auf der Grundlage einer vertrauensvollen Beziehung unterstützen und begleiten zu können. Ich legte Wert darauf, meine positiven Gedanken zu Mussa in vielen Bereichen auszudrücken. So schätzte ich seine Pünktlichkeit und seinen Willen zur Veränderung. Ich habe ihm immer gezeigt, dass ich ihn richtig sehen und verstehen will und dass er wichtig für mich ist. Ich habe mir nach jedem Gespräch mit Mussa Notizen gemacht. Unterstützung kann auch in Bemerkungen über Äußerlichkeiten bestehen.

Bei Mussa sah ich eine Aufgabe darin, ihn dazu zu inspirieren zu wachsen und den Willen zu entwickeln, Lebensfreude zu empfinden, sich selbst zu orientieren und zu motivieren. Wichtig war für ihn auch, über seine Gefühle offen sprechen zu dürfen.

Einzelgespräche und Reflexionen mit Mussa

Zu Beginn der Hilfe sah Mussa fast immer traurig aus, wenn ich ihn traf. Er lachte fast gar nicht und antwortete, wenn ich ihn fragte, nur mit „ja" oder „nein". Ich sah es als großen Fortschritt an, dass er sich darauf einließ, mit mir spazieren zu gehen und sich mit mir in unseren Praxisräumen zu treffen. Er wartete immer zu Hause auf mich und war pünktlich. Für mich war es das erste Signal, dass er Verantwortung für sich übernommen hat.

Die diagnostizierte Depression

Eines Tages fragte ich ihn: „Warum lachst du nicht?"
Mussa: „Warum soll ich lachen?
Ich: „Na ja, gute Frage! Lachen macht glücklich und gesund."
Mussa: „Ich bin depressiv; wir sind eine verrückte Familie. Meine Schwester und ich besuchen die gleiche Therapeutin. Ich habe diese Krankheit von meinem Opa und meinem Vater geerbt, so sagten es immer meine Eltern."
Ich: „Das finde ich gut, wenn man Unterstützung hat."
Mussa: „Ja, finde ich auch."
Ich: „Wie fühlst du dich bei der Therapeutin?"
Mussa: „Ich weiß nicht."
Ich: „Nimmst du Medikamente?"
Mussa: „Ja, zweimal am Tag - Antidepressivum."
Ich: „Ich habe gelesen, dass das Lachen auch die Depression stört, du solltest jeden Tag lachen!"
Mussa: „Aber keiner erzählt mir Witze, um mich zum Lachen bringen."
Ich: „Manchmal ist Lachen oder glücklich zu sein, eine Entscheidung."

Als Familienhelferin habe ich mich bei Mussa nicht nur auf die „Störungen" fokussiert. Unsere Treffen versuchte ich als Vorbereitungen für die nächsten Schritte in seinem Leben zu sehen und zu gestalten.

Es war dabei auch sehr wichtig, dass ich kontinuierlich (einmal im Monat) im Austausch mit seiner Therapeutin stand. Dieser psycho-edukative Austausch war sehr wichtig für mich, damit ich Mussas Reaktionen besser verstehen konnte und nicht noch zusätzlichen Stress bei ihm verursachte.

Die diagnostizierte Spielsucht

Ich: „Warum bist du spielsüchtig?"
Mussa: „Ich weiß nicht."
Ich: „Wofür benötigst du die Sucht?"
Mussa: „Macht Spaß."
Ich: „Macht Spaß bei was?"
Mussa: „Es macht Spaß, dass ich gewinnen kann, dass ich immer lachen und schreien kann."
Ich: „Kannst du das nicht in der Realität machen?"
Mussa: „Nein."
Ich: „Probiere es doch mal. Stell dir vor, dass du dieses Gefühl auch in der Realität spüren würdest. Bestimmt wirst du mehr Spaß haben. Mit einer guten Tagesstruktur vermeidest du, so viel Zeit zu Hause zu verbringen. Außerdem kannst du dann so viele Aktivitäten machen (Fitness, Schwimmen...).

Für Mussa schien die Zeit unwichtig. Er hatte keine Vorstellung von Zeit, konnte sich nicht an Zeit orientieren; er ging zu spät zur Schule und ins Bett und konnte auch nicht den Zusammenhang zwischen Zeit, Entfernung und Geschwindigkeit verstehen.

Ich: „Wie weit ist deine Schule von zu Hause entfernt?"
Mussa: „Ich weiß nicht; ich muss laufen und dann mit der Straßenbahn fahren."
Ich: „Du weißt es auch nicht ungefähr?"
Mussa: „Ich weiß es nicht."

Wenn ich ihn fragte, was er gerne beim nächsten Termin mit mir unternehmen wolle, war die Antwort: „Ich weiß auch nicht." Er konnte keine Entscheidung treffen und zeigte sich so, als ob ihm alles egal sei.

Deshalb war es immer sehr wichtig für mich, einen festen Termin mit Mussa zu planen. Er sollte die Termine in seinem Telefonkalender eintragen. Wenn er das nicht machte, vergaß er die Termine und blieb in seiner Komfortzone, in seiner Spielwelt oder er schlief ein.

Der nächste Schritt mit Mussa war, dass ich ihn aus seiner Wohnumgebung und Schulumgebung herausholen wollte. Mir war wichtig, dass er seinen Bewegungsradius erweitert und sich auf Neues einlassen lernt. In den ersten fünf Monaten habe ich Mussa immer abgeholt, wenn wir einen Termin außerhalb seiner Wohnung bzw. Wohnumgebung hatten. Ich brachte ihn auch wieder nach Hause. Während dieser Ausflüge zeigte ich ihm, wie man mit Hilfe von Smartphones z.B. „Google Maps“ aufruft, Adressen findet und Wegbeschreibungen für Routen mit öffentlichen Verkehrsmitteln, zu Fuß oder mit dem Fahrrad finden kann. Er sollte später, wenn er bereit sein würde, allein zu fahren, ein Sicherheitsgefühl haben.

Die diagnostizierte Soziale Phobie

Ich: „Mussa, lass uns beim nächsten Termin woanders treffen.“

Mussa: „Wo?“

Ich: „Hast du eine Idee, wo wir hingehen können?“

Mussa: „Nein, ich weiß nicht.“

Ich: „Okay, wenn du gerade nichts weißt, dann gehen wir zum Alexanderplatz. Hast du schon den Berliner Fernsehturm besucht?“

Mussa: „Nein - und ich wollte ihn auch nicht sehen oder besuchen.“

Ich: „Warum?“

Mussa: „Ich weiß nicht.“

Ich: „Hast du Angst, dorthin zu gehen?“

Mussa: „Nein.“

Ich: „Dann ist gut. Eigentlich hast du einen großen Vorteil, dass du in einer großen Stadt wie Berlin wohnst und lebst. Du kannst die Stadt entdecken und Erfahrungen sammeln. Erlaube dir frei zu sein, von deinem Zimmer loszulassen. Mach Fehler oder verlaufe dich. Das ist nicht schlimm - und man lernt aus Fehlern. Was denkst du, wie viele Male ich mich verlaufen habe, als ich neu in Berlin war und nur mit wenig Deutschkenntnissen unterwegs war. Außerdem bin ich in einem kleinen Dorf aufgewachsen und habe die Straßenbahn oder die S-Bahn nur im Fernsehen gesehen. Aber ich habe das geschafft und auch aus meinen Fehlern gelernt.

Mussa sagte ohne Begeisterung: „Ich bin damit einverstanden, aber mit einem Wunsch bitte: Du solltest auf mich in der U-Bahnstation warten, weil ich ungern allein warten will. Dann können wir zusammen zum Fernsehturm gehen.“

An dem Tag, an dem wir verabredet waren, bin ich leider zehn Minuten später als geplant angekommen. Ich habe ihn von weitem beobachtet. Er war sehr unruhig, lief hin und her und guckte nur auf den Boden. Als ich bei ihm war, habe ich mich sofort entschuldigt und sagte, dass ich länger bei anderen Klient*innen bleiben musste. Er war ganz rot und verschwitzt.

Nach einer Weile habe ich ihn gefragt, ob alles wieder bei ihm gut sei?
Mussa: „Ja, alles gut."
Ich (scherzhaft): „Hat dich jemand gebissen?"
Mussa lächelte und sagte: „Nein."
Ich lud ihn ein, ein Eis essen zu gehen.

Obwohl es nicht meine Absicht war, zehn Minuten zu spät zu kommen, stellte sich heraus, dass es nicht schlecht für ihn war. Er erlebte, dass er eine für ihn phobische Situation gut gemeistert hatte.

Gespräch über seine Beziehung zu seinen Eltern

Als ich mich mit Mussa in unseren Praxisräumen traf, sagte ich zu ihm: „Als wir uns das erste Mal beim Jugendamt getroffen haben, hast du gelächelt, als dein Vater gesprochen hat. Ich war und bin immer noch neugierig zu wissen, warum du lächeln musstest". Mussa lachte heftig und sagte dann: „Ja, weil mein Vater gelogen hat".

Plötzlich hatte ich für einen Moment das Gefühl, dass Mussa weinen statt lachen wollte. Seine Stimme zitterte. Daraufhin holte ich sofort ein Spiel aus dem Regal, um mich und ihn abzulenken. Ich war auch aufgeregt, weil ich in den ersten Minuten nicht wusste, wie ich reagieren sollte. Ich merkte, es war auch meine große Chance, dass Mussa mir endlich etwas erzählt hatte.

Dann sagte ich: „Mussa, ich habe deine Stimme noch nie so laut gehört wie heute."
Mussa: „Ja, mein Vater hat mich wirklich zum Lachen gebracht, als er gesagt hat, dass meine Mutter Abitur hat. Aber sie hat das nicht. Hast du gesehen, wie meine Mutter meinen Vater komisch anguckte?"
Ich: „Nein, das habe ich nicht bemerkt."

Mussa: "Doch, er lügt immer - sogar bei Kleinigkeiten und will sich immer wichtigmachen."

Ich merkte, dass hier eine besondere Sensibilität nötig sein würde, um einerseits das Vertrauen von Mussa zu halten, andererseits aber den Vater nicht abzuwerten. Ich beschloss dieses Gespräch vorerst zu beenden und schlug vor, langsam wieder nach Hause zu gehen. Ich benötigte Zeit, um zu überlegen, wie ich weiter verfahren konnte und beschloss auch, mich mit einem Kollegen auszutauschen.

Ich hatte den Eindruck gewonnen, dass der Vater versuchte, sich als etwas Besseres darzustellen, um die Liebe und den Respekt seiner Kinder nicht zu verlieren. Dieses Phänomen hatte ich auch bei anderen Familien bereits beobachten können.

Ich nahm diese Beobachtungen zum Anlass, den Eltern bei passender Gelegenheit zu erklären, dass Kinder ihre Eltern lieben, wie sie sind, und dass sie ihre Beziehung zu den Kindern durch Liebe, Vertrauen und durch das Wahrnehmen ihrer Bedürfnisse und Persönlichkeiten stärken können.

Im nächsten Gespräch mit Mussa über seine Mutter war er wieder aufgeregt; und sagte mir: "Meine Mutter kann nur mit den Fingern rechnen, das ist schon lustig."

Ich: "Warum findest du das lustig?"

Er lachte weiter und sagte: "Sie versucht auch mit den Füßen zu rechnen, sie ist doch doof."

Ich: "Hast du deine Mutter mal gefragt, warum sie so rechnet?"

Mussa: "Nein, ich lache nur und dann wird sie sofort sauer auf mich."

Ich: "Hast du denn deine Mutter mal zu ihrer Kindheit gefragt, oder habt ihr darüber geredet?"

Mussa: "Ja, einmal, sie hat aber sofort geweint, weil sie sich an ihre Stiefmutter erinnert hat. Meine Mutter redet nicht über ihre Gefühle und weint, weil sie sehr schlimme Sachen erlebt hat."

Ich: „Weißt du, Mussa, meine Mutter ist Analphabetin. Ihre Eltern hatten sie nicht in die Schule geschickt, weil sie damals dachten, dass die Schule sehr anstrengend ist. Es tut ihr heute noch weh, weil sie gerne die Schule besucht hätte. Trotzdem hat meine Mutter alles für mich getan, was sie

konnte. Sie hat mir ihre Liebe gegeben und das reicht mir schon."
Mussa guckte traurig und sagte: „Ja, genau, meine Mutter tut mir auch leid."

Im Laufe der Hilfe habe ich erfahren, dass beide Eltern von Mussa in einer emotional sehr kühlen Familie aufwuchsen. Sie hatten kaum erfahren, wie sich Nähe anfühlen kann und nur gelernt, dass die Kinder gehorsam sein müssen, ohne dass die Eltern etwas dafür zu tun hätten.

Einmal sagte Mussas Vater voller Stolz: "Ich habe eine sehr gute Beziehung zu Abed, er ist mein Lieblingskind".

Ich fragte: "Was meinen Sie, Hr. K., warum klappt alles mit Abed?"
Hr. K.: „Er ist lieb und ich habe ihn gut erzogen."
Ich: "Haben Sie nicht die gleichen Erziehungsmethoden bei Mussa benutzt?"
Hr. K.: "Nein, weil Mussa ganz anderes ist als Abed".
Ich: "Wann haben Sie das letzte Mal mit Mussa etwas unternommen?"
Hr. K.: „Ja, ja, eigentlich habe ich einen Freund, der für Touristen einen Sightseeing-Bus fährt, er hat mir gesagt, dass Mussa und ich mitfahren dürfen. Aber leider war er letzte Woche nicht erreichbar. Ich werde ihn nochmal anrufen; vielleicht ist er im Urlaub oder krank, ich weiß nicht."
Ich: „Hr. K., es ist auch ausreichend, wenn Sie mit Mussa einfach Eis essen gehen, um mit ihm ins Gespräch zu kommen. Mussa ist ein toller Junge. Er braucht Sie, er braucht das Gefühl, geborgen zu sein."

Der Vater war also der Überzeugung, dass seine Beziehung zu seinem Kind Abed gut sei, da er es erfolgreich erziehe, demgegenüber sei seine Beziehung zu Mussa schlecht und Mussa sei selbst schuld daran. Außerdem sei der eine Sohn vom Wesen her lieb, der andere Sohn nicht. Auf den Zusammenhang zwischen dem eigenen Engagement und Erziehungsverhalten und der Beziehung zum Kind versuchte ich ihn daher indirekt durch meine Fragen und Anregungen aufmerksam zu machen.

Als ich mit der Mutter einmal Eis essen ging, bestellte sie sich den größten Eisbecher mit vier Sorten Eis und noch Schokoladensoße oben drauf. Sie schien glücklich und strahlte wie ein Kind.

Ich sagte zu ihr: „Oh mein Gott, bestimmt werden Sie erst morgen fertig mit deinem Eis."

Sie: „Danke! Ich fühle mich frei von allem. Seit langem habe ich kein Eis mehr gegessen. Ich habe keine Freunde und meine Tochter hat mich verlassen. Mit meinen Geschwistern wollte ich keinen Kontakt mehr haben, weil die nur über meine Tochter reden und schimpfen wollen."

Ich: "Frau K., machen Sie etwas für sich. Gehen Sie aus, treffen Sie sich doch mit anderen Frauen, nicht nur mit ihren Schwestern. Gehen Sie wieder zurück zu ihrer alten Arbeit, wo Sie alten Leuten helfen können, oder wo Geflüchtete leben, die Hilfe brauchen. Seien Sie stolz auf ihre Tochter; sie hat ihren Weg gefunden und es auch geschafft, ein Studium an der Uni zu beginnen."

Sie: „Ja, ich habe langsam akzeptiert, dass meine Tochter nicht mehr bei uns leben und kein Kopftuch tragen will. Aber, wenn ich denke, dass sie einen Freund hätte, oder sie vielleicht keine Jungfrau mehr wäre, dann fühle ich Wut in mir und ich möchte sie nicht mehr sehen!"

Die traditionellen Überzeugungen der Eltern („ein Kopftuch tragen ist wichtig", „Jungfräulichkeit vor der Ehe ist unabdingbar" etc.) waren für mich sehr sensible Themen. Ich hörte den Eltern zu, um sie zu verstehen, aber ich konfrontierte sie nicht mit meinen Meinungen. Mir war bewusst, dass die Veränderung solcher Grundüberzeugungen sehr viel Zeit benötigt und ich sah meine Aufgabe als Familienhelferin darin, den Fokus der Familie wieder auf positive Dinge und Ressourcen zu lenken.

Fazit

Zwei Jahre lang habe ich mit der Familie gearbeitet, viele Gespräche geführt, Fragen gestellt, Anerkennung ausgesprochen.

Die Akzeptanz der Familie konnte ich durch aktives Zuhören ohne Bewertungen gewinnen; ich bemühte mich, der Familie Entscheidungsmöglichkeiten vorzustellen, traf aber selbst keine Entscheidungen für die Familie. Der respektvolle Umgang mit allen Familienmitgliedern half mir, mit ihnen in Kontakt zu kommen, ihre Situation und ihr Handeln zu verstehen und mit ihnen die Folgen ihres Handelns zu reflektieren.

Mussa hat es geschafft, seinen Weg ins Erwachsenenleben und in die Eigenverantwortung für sein Leben zu beschreiten.

Er wirkte in seiner Persönlichkeit gefestigt und nahm schließlich keine Psychopharmaka mehr. Die frühere Gefährdung bestand am Ende nicht mehr. Er hatte sich gut stabilisiert, einen realistischen Blick auf seine Zukunftsperspektiven entwickelt und arbeitete produktiv daran.

Inzwischen macht er eine Ausbildung zum nahrungsmitteltechnischen Assistenten, seine Zeugnisnoten liegen zwischen 2 und 3. Er kommt mit den Anforderungen seiner Ausbildung zurecht und will gerne weiterlernen.

Der Vater unterstützte Mussa darin, seinen Führerschein zu machen und Mussa schaffte es auch. Der Kontakt zwischen Mussa und seinem Vater verbesserte sich deutlich, dennoch ist die Beziehung nicht einfach.

Die Tochter Saida hat eine Ausbildung an der Schauspielschule angefangen. Ihr Leben stabilisierte sich, sie wohnt weiterhin in einer WG.

Der Sohn Abed ist immer noch das Lieblingskind seiner Eltern. Er macht immer noch alles, was seine Eltern sagen und wollen – die Frage ist: Bis wann? Ich weiß es nicht …

Ab und zu ist die Mutter inzwischen als Sprachmittlerin tätig. Sie ist auch in ärztlicher Behandlung.

Ich habe die Mutter zu einer Frauengruppe begleitet, damit sie andere Frauen kennenlernen kann. Inzwischen geht sie regelmäßig zweimal im Monat dorthin, sie hat dort sogar ihre Probleme mit ihrer Tochter vorgestellt, was ein Jahr zuvor gar nicht möglich gewesen wäre, so öffentlich über familiäre Probleme zu reden.

In der Gruppe erhielt sie von den anderen Frauen den Rat, dass es sehr notwendig ist, wieder eine gute Beziehung mit der Tochter aufzubauen, um sie in Zukunft wieder „gewinnen" zu können.

Die Mutter sagte: „Wenn ich für Saida vegetarisches Essen gekocht hätte, dann hätte sie uns nicht verlassen!!!"

Im Laufe der Zeit haben die Eltern langsam die neue Situation mit Saida akzeptiert, sie laden Saida ab und zu nach Hause ein zum Essen. Sie wünschen sich immer noch, dass Saida irgendwann nach Hause zurückkommt. Dies scheint aber sehr unwahrscheinlich.

Abschließend ist zu sagen, dass die Konflikte der Familie zwar nicht zur Zufriedenheit aller gelöst werden konnten, aber sie sind wieder bearbeitbar und besprechbar innerhalb der Familie.

Unser anfangs gesetztes Ziel, dem Jugendlichen zu helfen, das Beste aus sich herauszuholen, wieder zur Schule zu gehen und seinen Weg zu gehen und damit für sich einen Nutzen aus der Hilfe zu ziehen, ist erreicht worden.

Darüber hinaus habe ich in Zusammenarbeit mit dem Jugendamt und der Schule die Eltern darin unterstützen können, die Verantwortung für ihre Kinder und ihr Handeln zu übernehmen.

Es konnte ihnen vermittelt werden, dass Erziehungsfehler passieren, diese aber durch Liebe, Anerkennung und Dialoge wieder ausgeglichen werden können und gute familiäre Beziehungen wieder aufgebaut werden können.

* * *

Lob auf Sisyphos:
Achtsamkeit in der sozialpädagogischen Beziehungsarbeit

Xiaoqing Xu

Was macht die Qualität der sozialen Arbeit aus?

Es gibt anerkannte Standards und Methoden in der Sozialarbeit: Lebensweltorientierung, Ressourcen- und Sozialraumorientierung, systemische Betrachtungsweisen, professionelle Hilfeplanung, flache Hierarchien in der Umsetzung, interkulturelle Kompetenz und ganzheitliche, lösungsorientierte Vorgehensweisen.

Die Realisierung dieser Standards ist dabei immer mit der unmittelbaren Begegnung mit den Menschen verknüpft, mit denen wir die Hilfe gestalten. Beziehungsarbeit ist also das Zauberwort!

Ich als Person bin das wichtigste Handwerkszeug!

Wenn die Not von Kindern, Jugendlichen oder Familien groß ist, alle Beteiligten von einer Hoffnungslosigkeit erfasst werden, gehören wir Sozialarbeiter*innen oft zu den wenigen, die sich bemühen, den Menschen ihre ureigene Würde zurückzugeben, bei ihnen zu bleiben, sie zu akzeptieren, nicht aufzugeben.

In solchen Situationen gehört viel Demut als Haltung zu unserer Arbeit, viel

Durchhaltevermögen und freundliche Hartnäckigkeit. Ich als sozialpädagogische Fachkraft bin Begleiterin im Prozess eines Lebensabschnittes eines Menschen, der krisenhaft, problembeladen, ja manchmal scheinbar ausweglos scheint.

Ich bin mir dessen bewusst, dass wir komplexe Familiensysteme und seit Generationen gewachsene Strukturen nicht für die Familie verändern können. Wir haben das Schicksal der Familien nicht in der Hand, das haben sie selbst!

Der Mensch mag kraftlos, ablehnend, zunächst unerreichbar erscheinen. Er wurde vielleicht gemieden, abgeschrieben oder gar aufgegeben, trotzdem begegne ich ihm im Dialog, auf Augenhöhe, versuche, ihn nicht zu bewerten, sondern ihn immer wieder im Hier und Jetzt wahrzunehmen.

Diese Achtsamkeit in der Beziehungsarbeit hat einen hohen Wert, weil sie mich frei macht von Meinungen, Vorurteilen und Verurteilungen, die wir in uns selbst erkennen können. Die achtsame Wahrnehmung des Menschen in der Beziehungsarbeit schenkt mir selbst viel Freude und Gelassenheit. Ich kann immer wieder zu mir zurückkehren und schauen,

1. bin ich noch bei mir und bei der Person, oder lass ich mich von Meinungen, von Urteilen anderer leiten?
2. befasse ich mich mit seinem Zustand und seinen Ressourcen hier und jetzt, oder lass ich mich von den Vorkommnissen in der Vergangenheit dominieren, oder von der scheinbaren düsteren Zukunft wegziehen?

Das steht im Einklang mit der Haltung, von der aktuellen Lebenslage hilfesuchender Menschen auszugehen und zu versuchen „diese dort abzuholen, wo sie gerade stehen".

Von Marshall B. Rosenberg kennen wir ein Lied mit dem Titel „See me beautiful":

See me beautiful, look for the best in me
That's what I really am and all I want to be
It may take some time
It may be hard to find
But see me beautiful

In jedem Mensch steckt das Gute, das gesehen werden möchte. Es ist manchmal sehr schwer zu sehen. Oft muss ich mir dafür viel Zeit nehmen. Vertrauen und Zuwendung sind manchmal ein schwieriges Thema, wenn sich der Mensch zum Beispiel Lügen oder Misstrauen als eine Überlebensstrategie angeeignet hat, schwere Traumata oder eine psychische Störung hat usw. Wir dürfen in unserer Arbeit nicht vertrauensselig sein und alles glauben. Deshalb ist die Achtsamkeit umso wichtiger, weil wir in unserer Kooperation immer ein gewisses Maß an Vertrauen brauchen. Das tiefe Schauen im Hier und Jetzt ist unbedingt notwendig, weil eine Haltung des Misstrauens dem Menschen nicht gerecht werden würde und mir meine Freude an der Arbeit ebenso rauben würde.

Manchmal gibt es trotz des Vertrauensvorschusses und trotz des intensiven Bemühens keinen Erfolg, oder eine bestimmte „Lösung", sondern wir geben Hilfestellungen, zeigen verschiedene Wege und ihre Konsequenzen auf. Wir bleiben im Prozess und halten den Widerstand aus. Wir versuchen, die Situation des Familiensystems wirklich zu verstehen und so zu handeln, dass das Beste für die Kinder erreicht werden kann.

Eine andere in unserer Arbeit oft vorkommende Schwierigkeit liegt in der benötigten Zeit unserer Klient*innen vom wirklichen Erkennen eines Problems (Problemeinsicht), über Verändern-Wollen bis hin zur Umsetzung und letztendlich Sichtbarkeit der Veränderung.

Soziale Arbeit braucht einen langen Atem, weil Veränderung Zeit braucht.

Exkurs: Sisyphos

Immer wieder rutschte uns z.B. bei Hilfereflexionen der Satz raus: „Das ist ja wahrlich eine Sisyphosarbeit!" Was empfinden wir dabei? Demut? Anstrengung? Zweifel? Frustration? Enttäuschung? Resignation? Ohnmacht?

Sind wir in dem Zustand noch handlungsunfähig? Letztendlich kommt es auf unsere innere Einstellung an: Können wir diesen Zustand akzeptieren und annehmen? Oder lehnen wir ihn innerlich ab?

Laut Wikipedia ist Sisyphosarbeit „ein geflügeltes Wort für eine ertraglose und dabei schwere Tätigkeit ohne absehbares Ende.“

Durch Albert Camus′ Essay „Der Mythos des Sisyphos“ bekamen Sisyphosqualen eine neue Interpretation. Sisyphos wird nun verstärkt als Allegorie auf die „conditio humana“ gelesen, also mit bejahendem Gehalt. Sisyphos‘ Tätigkeit wird infolgedessen als sinnstiftend beschrieben, z.B. in Fred Portegies Zwarts Gedicht „Sisyphos singt das Lob des Steines“ (1988), oder bei Jacques Monod (1970) als Symbol für die Wissenschaft, die sich immer in Frage stellen muss.

Die existenzialistische Sichtweise auf den Mythos könnte für unsere professionelle Haltung inspirierend sein.

Sisyphos, König zu Korinth und Sohn des Aiolos, soll um das Jahr 1400 v. Chr. gelebt und sich durch große Weisheit ausgezeichnet haben. In der griechischen Mythologie gelingt es ihm, trickreich den Tod zu überlisten und den Zustrom zum Hades zu sperren. Sisyphos' Strafe in der Unterwelt bestand darin, einen Felsblock einen steilen Hang hinaufzurollen. Ihm entglitt der Stein jedoch stets kurz vor Erreichen des Gipfels und er musste immer wieder von vorne anfangen. Heute nennt man deshalb eine Aufgabe, die trotz großer Mühen nie abgeschlossen wird, Sisyphosarbeit.

> *„Darin besteht die ganze verborgene Freude des Sisyphos. Sein Schicksal gehört ihm. Sein Fels ist seine Sache. [...] Der absurde Mensch sagt ja, und seine Anstrengung hört nicht mehr auf. [...] Darüber hinaus weiß er sich als Herr seiner Zeit. [...] Auch er findet, dass alles gut ist. Dieses Universum [...] kommt ihm weder unfruchtbar noch wertlos vor. Jedes Gran dieses Steins, jedes mineralische Aufblitzen in diesem in Nacht gehüllten Berg bedeutet allein für ihn eine ganze Welt. Der Kampf gegen Gipfel vermag ein Menschenherz auszufüllen. Wir müssen uns Sisyphos als einen glücklichen Menschen vorstellen.“* – nach „Der Mythos von Sisyphos“: 5. Aufl., Rowohlt, 1962, S. 100f und „Der Mythos des Sisyphos“: 6. Aufl., Reinbek, 2004. S. 159f.

Sisyphos nimmt die Anstrengung immer wieder auf sich, obwohl ihm das schlechthin „Unnütze und Aussichtslose“ bewusst ist. Deswegen ist er für Camus „der Held des Absurden“. Er ist weise, weil er seine Arbeit bewusst tut.

Beispiele aus der Arbeit

1. Achtsamkeit und Präsenz in der unmittelbaren Begegnung. Erreichbarkeit einer Jugendlichen

Die Jugendliche A. ist während meiner Hilfe 18 Jahre geworden. Sie war immer wieder sehr schwer erreichbar für mich. Sie kam oft nicht zu den vereinbarten Terminen, wechselte regelmäßig ihre Handynummer.

Bis zur vierten Klasse ging sie mehr oder weniger regelmäßig zur Schule. Danach kaum noch. Viele Jahre war sie in einer sozialpädagogischen Einrichtung untergebracht. Dort ging es ihr nach ihren eigenen Aussagen richtig gut. Doch der „Familienclan" holte sie immer wieder gegen Gerichtsbeschluss zurück. Die praxisorientierte Schule besuchte sie anfangs sporadisch, dann gar nicht mehr. Als Grund gab sie an, dass sie morgens nicht aufstehen konnte.

Die Vereinbarung, sich alle zwei Wochen bei der Bewährungshelferin zu melden, konnte sie nicht einhalten. Ihr drohte eine Gefängnisstrafe. A. ist in Deutschland geboren und war noch nie in dem Heimatland ihrer Eltern. Dennoch hat sie weder einen deutschen noch einen bosnischen Pass. Sie hatte große Angst, abgeschoben zu werden.

Am Anfang der Hilfe war ich sehr ambitioniert. Beim gemeinsamen Lesen eines Kinderbuchs stellte ich fest, dass A. einfache Texte lesen konnte. Sie war begeistert von einem Bibliotheksbesuch und wollte gleich unbedingt einen Leseausweis machen lassen. Doch zu einem zweiten Bibliotheksbesuch kam es nie. Nach wenigen Terminen war ich ernüchtert über die Verabredungsfähigkeit der Jugendlichen. Zusammen mit der Familienhelferin versuchte ich, sie zu Hause zu „erwischen", wenn sie telefonisch nicht erreichbar war. Einige Male kam sie ins Büro für Beratungen. Wenn sie nicht kam, wartete ich vor der Haustür, bis sie erschien. Oft lag sie zu Hause im Bett oder „hing einfach so irgendwo herum".

Jede Woche zu gleicher Zeit erschien ich bei ihr. Sie ging dann mit mir spazieren und erzählte mir aus ihrem Leben. Es gibt eigene „Strukturen" in ihrer Großfamilie. Alle versuchen, sich irgendwie durchs Leben durchzuschlagen und legen viel Wert auf den traditionellen Zusammenhalt. Schulbildung spielt kaum eine Rolle in ihrer Lebensplanung. Das Ziel, einen berufsbefähigenden Schulabschluss zu bekommen, ist für A. in ihrem sozialen Kontext sehr weit weg.

Ich musste mich also loslösen von meinen bisherigen Vorstellungen von einem sinnvollen Leben mit Schule, Beruf oder einem „Ziel". Ich lernte, von meinen Vorstellungen loszulassen und A. und ihre Familie so anzunehmen, wie sie sind.

Es war lehrreich für mich: ich nahm die „Sisyphos-Arbeit" an, rollte den Stein der Trägheit und versuchte, A. bei jedem Termin neu zu begegnen, von Wesen zu Wesen. Wenn ich wirklich präsent bin, frei von festen Meinungen, dann kann ich viel Positives sehen:

A. war mir gegenüber immer respektvoll. Sie hatte oft ein Lächeln im Gesicht, wirkte oft freudig, wenn auch etwas unsicher. Alten Menschen gegenüber zeigte sie sehr viel Empathie und Hilfsbereitschaft. Den jüngsten Geschwistern gegenüber verhielt sie sich sehr liebevoll.

Bei einem Beratungstermin fragte ich sie: „Wie verbringst du deinen Tag, liebe A.?"
Sie schaute mich lächelnd an: „... Hmmmh... wie immer ...!"
FK: „Wann bist du aufgestanden?"
A.: „Ich weiß nicht, mittags irgendwann. Ich konnte nachts nicht einschlafen, erst heute Morgen gegen 3 Uhr."
FK: „Warum konntest du nicht einschlafen?"
A.: „ Ich habe gechattet. Die nerven mich. ... In der Familie gab es Streit."
FK: „Mit deiner Mutter und deiner Schwester?"
A.: „Ja!"
FK: „Wie fühlst du dich?"
A.: „... Na ja..."
FK: „Gab es Zeiten, in denen du dich besser gefühlt hast?"
A.: „Als ich untergebracht war..., da ging es mir schon viel besser... Ich zeige dir ein Foto."
FK: „Oh ja. Du siehst sehr gut aus auf dem Foto. Was hat dir gut getan?"
A.: „Wir haben schöne Sachen gemacht, hatten jeden Tag feste Zeiten für

bestimmte Sachen."
FK: „Hast du versucht, das in deinem Alltag jetzt weiter zu machen?"
A.: „... Ja, ich versuche es... Mir ist es einfach so langweilig... dann streite ich, oder ich gehe mit meiner Cousine ins Kaufhaus..."
FK: „Ohne Geld?"
A. verlegen: „... ja..."
FK: „... warst du bei der Bewährungshelferin?"
A. „Ja, ich habe angerufen, dass ich später komme. Dann war ich da. ... Ich muss wieder ins Gericht, weil ich mich nicht gemeldet habe."
FK: „Hast du Angst?
A.: „Ja ..."

Wir konnten über ihre Gefühle sprechen. A. weiß, dass sie sich mit einer besseren Tagesstruktur wohler fühlt. Es fällt ihr jedoch schwer, ihre Wünsche umzusetzen.

Die Hilfe dauerte 16 Monate. Zwischen A. und mir entstand sehr viel Vertrauen, so dass sie mir ihre Sorgen und Ängste mitteilen konnte.

Als A. volljährig war, wollte sie am liebsten von zu Hause ausziehen. Ihr fehlten am Ende jedoch die Kraft und die Unterstützung von ihrer Familie. Es ist ihr jedoch gelungen, dem Heiratszwang zu widerstehen. Irgendwie wusste sie, dass sie nicht so früh schon diesen traditionellen Weg gehen wollte.

2. Abwesenheit der Eltern

Viele Familien sind von Armut und Wohnungsnot betroffen. Die meisten von uns unterstützten Familien leben von ALG II. Ernährung, Tagesstruktur, Medienkonsum und Perspektivlosigkeit sind ständige Themen in der aufsuchenden Familienhilfe.

Kindeswohlgefährdung kommt jedoch auch in den wohlhabenderen Familien vor. Zum Beispiel in der Familie X.:

Die Familienhilfe wurde eingesetzt, weil der Kindesvater wegen eines eskalierten Streits zwischen seinem Vater und seinem ältesten Sohn die Polizei angerufen hatte. Das war das dritte Mal innerhalb eines Jahres.

Die Großfamilie besitzt zwei Eigentumswohnungen im gleichen Haus: in der einen Wohnung lebten die Großeltern, zwei Stockwerke höher wohnten die Eltern mit den drei Kindern. Kurz vor dem Einsatz der Hilfe hatten die Eltern ein Restaurant in einem anderen Bezirk übernommen und arbeiteten dort 7 Tage in der Woche von 10 bis 23 Uhr.

Eine „Nanny" kümmerte sich zu Hause um den Haushalt. Nach der Schule pflegten die Eltern Telefonkontakte mit den Kindern und der Nanny. Die Wochenenden verbrachten die zwei jüngeren Kinder teilweise im Restaurant. Der 14jährige blieb lieber allein zu Hause.

Er hatte gegenüber den Geschwistern eine gewisse Elternrolle eingenommen, terrorisierte sie dabei allerdings mit seinen Leistungsanforderungen, Ernährungsvorstellungen usw. Die Eltern setzte er unter Druck, wenn er etwas haben wollte. Als er zu Weihnachten den neuen, extrem teuren Laptop nicht bekam, rief er an einem Tag etwa fünfzig Mal im Restaurant an, um den Kauf zu erzwingen. Zu diesen und anderen Konflikten kam es immer wieder, weil ihm seine Eltern keine Grenzen setzen konnten: Die Eltern waren die meiste Zeit abwesend und konnten ihren Erziehungsauftrag nicht ausreichend wahrnehmen.

Offensichtlich war er „nur" der „Symptomträger" des dysfunktionalen Familiensystems.

Am Anfang der Hilfe wollten die Eltern, insbesondere der Vater, nicht sehen, dass sie auch verantwortlich für das Verhalten des großen Sohnes waren. Der Vater war wenig bereit mitzuarbeiten. Wir sollten mit seinem Sohn reden, damit der Sohn sich ändere. Die angeheiratete Mutter war in der Großfamilie eine „Außenseiterin" und wurde wenig respektiert. Woche für Woche erschien ich und redete freundlich mit beiden Eltern. Familienkonferenzen brachten Bewegung in die Familiendynamik. Die Kinder bekamen Raum, ihre Wünsche zu äußern. Mit der Zeit kamen die Eltern langsam zu der Einsicht, dass ihre Präsenz für die Kinder wichtig ist. Nach anderthalb Jahren konnte erreicht werden, dass ein Elternteil an einem Nachmittag in der Woche mit den Kindern zu Hause war und dass am Sonntag ein Elternteil mit den Kindern etwas unternahm.

Das Restaurant war offensichtlich noch lange viel wichtiger als die Kinder. Der Stein der Abwesenheit der Eltern rollte immer wieder zurück.

Schließlich, nach einigen heftigen Konflikten zu Hause (Unterbringung des 14-jährigen für 3 Monate), waren die Eltern endlich bereit, etwas zu verändern. Die Eltern setzten sich mehr mit Erziehungsthemen auseinander. Sie zeigten Problemeinsicht und Bereitschaft, die Bedürfnisse der Kinder zu erkennen, an ihrem Erziehungsstil zu arbeiten und sich mehr um die Kinder zu kümmern. Sie nahmen an Elternabenden teil und organisierten Ausflüge mit den Kindern. Die Atmosphäre in der Familie war im Vergleich zum Anfang der Hilfe wesentlich friedlicher und entspannter.

Zwei Jahre nach Beginn der Familienhilfe haben die Eltern das Restaurant aufgegeben, um mehr Zeit für die Kinder zu haben.

3. Kommunikationsstörungen in den Familien, Trennung der Eltern - Würde und Rechte der Kinder und Jugendlichen

Kommunikationsstörungen ziehen sich durch fast alle Hilfen, die ich durchführte. Die Kinder und Jugendlichen werden oft nicht in ihrer Würde geachtet. Kinderrechte sind den Eltern - oft auch Pädagog*innen - bei weitem nicht immer bewusst. Aber auch wir als sozialpädagogische Fachkräfte müssen darauf achten, dass wir die Kinder und Jugendlichen als Subjekte sehen, sie beteiligen, ihnen für ihre Wünsche und Handlungsmöglichkeiten Raum geben.

Dialoge mit den Kindern und Jugendlichen, moderierte Familienkonferenzen, bei denen Kinder und Erwachsene gleichermaßen zu Wort kommen können, sind zwei der Partizipationsmöglichkeiten. Die Achtsamkeit für die Bedürfnisse und Rechte der Kinder ist für ihre Eltern oft überraschend. Unsere Mimik und Gestik, unsere Körperhaltung und unsere Worte werden durchaus wahrgenommen und wirken positiv auf die Familien, wenn wir eine akzeptierende und wertschätzende Grundhaltung einnehmen.

Kommunikationsstörungen sind hartnäckige Gewohnheiten, die nur mit viel Geduld bewusst gemacht und verändert werden können.

Hier ein Beispiel aus einer Hilfe. Die damals 14 jährige S. äußerte ihre Wünsche an die Eltern wie folgt:

„Ich wünsche mir,

dass wir über unsere Meinungsverschiedenheiten reden;

dass wir nicht laut werden beim Reden, dass wir zuhören, was wir uns zu

sagen haben;
dass ich manchmal nach der Schule zu meinen Freunden gehen kann;
dass ich bei meinen Freunden übernachte und dass meine Freunde bei mir übernachten;
dass ihr weniger raucht;
dass sich mein Vater weniger aufregt;
dass ihr anklopft, wenn meine Zimmertür zu ist;
dass wir an jedem zweiten Wochenende zusammen frühstücken. Ich hole Brötchen;
dass ich spazieren gehen kann;
dass ich anstatt Abwaschen andere Sachen machen könnte."

Zuhören lernen, anstatt gewohnheitsmäßige Bewertungen, Abwertungen und Verurteilungen von sich zu geben, war zentral in dieser Hilfe. S. geriet mit ihrem Stiefvater immer wieder in Konflikt.

Soviel massive Abwertungen von ihm über seine Tochter geäußert wurden, soviel Liebe hörte ich aus den Gesprächen mit ihm: Er fühlte sich verantwortlich für sie, spielte und bastelte gern mit ihr, machte sich Sorgen über ihre Schulleistungen und ihr Verhalten. In einer Familienkonferenz malten die Eltern und die Jugendliche gemeinsam ein Bild, ohne dabei zu sprechen. Sie lachten zusammen und schufen ein kreatives „Kunstwerk". Sie sagten sich am Ende der Familienkonferenz, dass sie sich gern haben.

Trotzdem eskalierte es immer wieder in der Familie. Immer wieder ging es auch um den Kontakt von S. zu ihrem leiblichen Vater. S. hatte „heimlich" Kontakt zu ihm aufgenommen, obwohl dies von den Eltern verboten wurde. Nach heftigen Auseinandersetzungen äußerte S. klar den Wunsch, zu ihrem leiblichen Vater zu ziehen. Dadurch entstand eine heftige Krise in der Familie. Die Mutter reagierte sehr gereizt. Der Stiefvater geriet mehrmals außer sich. In dieser Zeit vermittelte ich intensiv zwischen der Jugendlichen, ihrem leiblichen Vater und ihrem Elternhaus. Auch in der Schule hatte S. immer wieder Konflikte mit den Mitschüler*innen und überlegte schließlich, die Schule zu wechseln.

Die Jugendliche war extrem hin- und hergerissen. In den Liedern, die sie hörte, verbarg sich eine Sehnsucht, sich irgendwo richtig heimisch zu fühlen, wirklich geliebt zu werden. Gewaltfreie Kommunikation half ihr und ihren Eltern, eigene Gefühle und Bedürfnisse und die der anderen wahrzunehmen.

Durch aktives Zuhören nahm ich das Leiden und die alten Verletzungen aller drei Familienmitglieder wahr. Die Eltern wollten das Beste für ihr Kind. Sie waren jedoch nicht in der Lage, die Tochter anzunehmen und wertzuschätzen, so wie sie war. Auf die Frage „was finden Sie gut an S." wusste der Stiefvater keine Antwort. Er erzählte über seine eigene Kindheit und Jugend, verbunden mit traumatischen Gewalterfahrungen. Rockmusiker war er gewesen und enttäuscht, dass er den erwarteten Erfolg nicht hatte. Ihm war nicht bewusst, was das für seine Beziehung mit seiner (Stief-)Tochter bedeutete, wenn er S. häufig mit Abwertungen begegnete.

Die Kindesmutter hatte Gewalt durch den Vater von S. erlebt, als S. noch sehr klein war.

Beiden Eltern war nicht bewusst, was das für das Kind bedeutete, Gewalt zwischen den Eltern mitzuerleben.

Wenn die Kommunikation zwischen den Eltern sehr gestört ist, es in der Paarbeziehung kriselt oder eine psychische Störung, Sucht und Gewalt das Leben der Kinder erschweren, brauchen wir besonders viel Achtsamkeit, um die Bedürfnisse und die Rechte der Kinder nicht aus den Augen zu verlieren. Kinder durchleben Trauer, Ängste, Sorgen, Frustration, Wut und Ohnmacht. Sie brauchen unsere Aufmerksamkeit und Unterstützung.

Reflexion der Arbeit

Wenn ich die Beispiele zusammenfasse, dann geht es vor allem um unsere innere Haltung während der Beziehungsarbeit mit unseren Klient*innen. In der Hilfe zur Erziehung richten wir unsere Aufmerksamkeit auf den Schutz des Kindes.

Wir brauchen besondere Aufmerksamkeit für die Risiken in der Umgebung des Kindes, die seine Grundbedürfnisse und seine Entwicklung gefährden.

Um die Risiken abzuwenden und die Hilfeziele zu erreichen, brauchen wir absolute Präsenz in der Beziehungsarbeit.

Ich selbst versuche, mein Gegenüber und mich selbst immer wieder im Hier und Jetzt zu betrachten, möglichst frei von Vorurteilen und Bewertungen. Ich begegne den Menschen von Wesen zu Wesen, mit Freundlichkeit, Respekt und Akzeptanz für ihre und meine Einzigartigkeit aber auch mit Klarheit für das Wohl des Kindes. Ich sehe die Kinder und die Erwachsenen als Subjekte ihres Handelns und begegne ihnen im Dialog auf Augenhöhe. Dabei reflektiere ich auch immer mein eigenes Handeln und meine Wertvorstellungen.

Durch aktives Zuhören nehme ich Schwierigkeiten wahr. Oft erlebe ich Familien, in denen die Eltern traumatisiert oder psychisch stark belastet sind. Nicht wenige sind mitten im Trennungsprozess. Zu den persönlichen Kränkungen und großen Enttäuschungen kommen Wohnungsprobleme und finanzielle Sorgen hinzu. Da fällt es den Eltern mitunter schwer, die Bedürfnisse und Nöte der Kinder nicht aus dem Blick zu verlieren. Auch im Helfersystem kann es passieren, dass die Eltern sehr viel Aufmerksamkeit bekommen und die Kinder dann eher in den hinteren Reihen stehen. Fragen, Rollenspiele und Aufstellungen können den Eltern helfen, den Blick zu wechseln und mehr auf die Kinder zu achten und ihre besonderen Bedarfe zu verstehen.

Ich strebe immer an, meine Präsenz durch Achtsamkeit, Empathie, Kommunikationskompetenzen, interkulturelle Kompetenzen und viel Geduld zu gewährleisten. Unsere Freundlichkeit, Fachlichkeit und achtsame Präsenz wirken sich positiv auf die Hilfe aus: Weil die Klient*innen als Menschen respektiert werden, sind sie eher bereit, ihr Erziehungsverhalten zu verändern.

Die besondere Herausforderung für uns Fachkräfte ist für mich dabei, dass wir immer wieder bewusst unsere eigenen Emotionen wahrnehmen, sie im Kontext der Arbeit reflektieren und neue Handlungsstrategien entwickeln. So können wir Bewusstheit und Achtsamkeit in der Beziehungsarbeit kultivieren. Die Problemlagen der Klient*innen sind uns nicht völlig fremd. Wir kennen dieselben Schwierigkeiten mehr oder weniger auch bei uns.

See me beautiful, each and every day
Could You take a chance?
Could You find a way?
To see me shining through

In ev'ry thing I do
And see me beautiful

Achtsame, gewaltfreie Kommunikation hilft uns, Begegnungen zu schaffen, die es Menschen ermöglichen, in Würde ihr Verhalten zu reflektieren und selbstwirksam zu verändern.

Salutogenese und Achtsamkeit: nur ein glücklicher Mensch kann anderen wirklich helfen.

Wenn wir innere Ruhe und Stabilität haben, können wir anderen Menschen helfen. In unserer sich ständig verändernden Welt mit viel Unsicherheit, Unbeständigkeit, Komplexität und Mehrdeutigkeit ist das aber überhaupt keine Selbstverständlichkeit mehr. Wir müssen also bewusst Rahmenbedingungen schaffen, die uns unterstützen, unser Kohärenzgefühl zu erhalten.

Soziale Arbeit kann sehr belastend sein. Wie halten wir uns also als Fachkräfte gesund? Können wir zuversichtlich bleiben? Haben wir genug Ressourcen für die Anforderungen? Können wir auch die „Sisyphosarbeit" als Herausforderung verstehen und annehmen, oder empfinden wir sie als große Belastung? Das sind die Fragen für eine „Salutogenese", auf die LebensWelt bereits seit vielen Jahren den Fokus legt.

Das aktive Zuhören und die Freundlichkeit gelten auch mir selbst. Für mich gelingt Salutogenese nicht ohne Achtsamkeit. Achtsamkeit ist also nicht etwas, was „ganz nett" ist und was wir „zusätzlich" noch tun können, sondern eine sehr wichtige Grundhaltung, mit der wir den Widrigkeiten und Risiken in unserer komplexen Lebenswelt begegnen und entgegen wirken können.

In jeder Hilfe laufen immer auch meine eigenen Lebenserfahrungen und meine eigene Geschichte mehr oder weniger mit. Mit Achtsamkeit werde ich meiner eigenen Ängste und Sorgen, meiner Werte und Erwartungen und meiner alten Verletzungen gewahr.

Durch Beziehungsarbeit lerne ich immer auch ein Stück über mich selbst. Das kann ich als eine sehr reizvolle Seite der Arbeit sehen. In der interkulturellen Dimension beispielsweise ist meine Muttersprache ein Vorteil für das

Verstehen der Zusammenhänge. Sie kann mir auch einen leichteren Zugang zu den Klient*innen ermöglichen, sie kann jedoch auch ihre Tücken haben, weil meine eigenen Geschichten mit denen der Klient*innen viel mehr mitschwingen können.

Mit mir selbst und anderen achtsam und wohlwollend umzugehen hilft mir, Situationen besser einzuschätzen und professionell zu bleiben.

Dazu gehört: Innehalten, mich besinnen, atmen, genauer schauen, verstehen wollen, was wirklich ist.

Und so halte ich inne
und mäßige meinen Lauf,
ich hüte meinen Quader
und steige geduldig bergauf.

Langsam wälz ich den Stein
auf ausgetretener Spur,
er ist ein Teil von mir selbst,
und ich bin dankbar dafür.[1]

* * *

1 Fred Portegies Zwart, in: B. Seidensticker und A. Wessels (Hrsg.), Mythos Sisyphos. Texte von Homer bis Günter Kunert. Reclam, 2001.

Ein hoffnungsloser "Fall"?

Lernerfahrungen

Elisabeth Esper

Einleitung

Im folgenden Beitrag wird die mehrjährige Zusammenarbeit zwischen mir und Nuria[1] dargestellt. Wir lernten uns Anfang September 2013 kennen, die Jugendliche war zu dem Zeitpunkt 15 Jahre alt. Mitte 2008 war sie aus einer mittelgroßen Stadt aus einem Land im Süd-Westen Afrikas nach Berlin zu ihrer Mutter gekommen. Da war sie knapp 10 Jahre alt gewesen. Die offizielle Zusammenarbeit endete an ihrem 18. Geburtstag. Auch heute haben wir noch sporadisch Kontakt.

Der Artikel entsteht Ende 2018, 2½ Jahre später. Zu dem Zeitpunkt mache ich eine Ausbildung zur Traumatherapeutin (Heilerlaubnis nach dem HP Psych), auf die ich durch die Arbeit mit Nuria gestoßen bin. Einige Gedanken aus der Psychotraumatologie fließen in den Artikel mit ein.

Ich habe Nuria über einen Zeitraum von knapp 3 Jahren (mit einer kurzen offiziellen Unterbrechung) begleitet. Über diesen Zeitraum ließe sich eine Menge schreiben. Das würde den Rahmen des Artikels sprengen. Mein Hauptauftrag der ersten 2 Jahre war es, den Kontakt der Jugendlichen mit ihrer Mutter wieder herzustellen und den Kontaktaufbau zu begleiten. Das fand hauptsächlich im Rahmen einer Doppelfinanzierung statt. Die Jugendliche war den größten Teil der Zeit der Zusammenarbeit in verschiedenen

1 Der Name wurde geändert.

Einrichtungen wohnhaft und bekam in diesem Rahmen auch sozialpädagogische Unterstützung. In diesen Zeiträumen hatte ich jeweils nur ein sehr geringes Stundenkontingent. In den letzten 8 Monaten der Zusammenarbeit war ich als alleinige Fachkraft vom Jugendamt eingesetzt. Es war die Zeit, als Nuria den Versuch wagen wollte, bei ihrer Mutter einzuziehen. Neben dem Aspekt der Kontaktanbahnung mit der Mutter wird es in diesem Artikel insbesondere um diesen Zeitraum gehen. Da es mir wichtig war, den Konflikt zwischen der Jugendlichen und ihrer Mutter zu verstehen, werde ich für das tiefergehende Verständnis auch biographische Daten der Mutter skizzieren. Der Artikel beleuchtet Aspekte der pädagogischen Arbeit in der Jugendhilfe vor dem Hintergrund der Notwendigkeit eines verlässlichen professionellen Beziehungsangebots und thematisiert Grenzen.

Kennenlernen – Aufbau einer Arbeitsbeziehung

In der Hilfekonferenz im Jugendamt, bei der der Auftrag und Beginn meiner Arbeit mit der Jugendlichen (§ 30 SGB VIII) festgelegt wurde, nahmen der Vormund der Jugendlichen, die zuständige Sozialarbeiterin des Jugendamts und ich teil. Hier erfuhr ich, dass die Jugendliche derzeit auf Trebe sei, keinen festen Wohnsitz habe, die 9. Klasse einer bilingualen Sekundarschule besuche. Sie sei mit 10 Jahren aus einem Land im Süd-Westen Afrikas zu ihrer Mutter nach Berlin gekommen. Ihre Mutter hatte sie mit 6 Monaten dort zurückgelassen. Aufgrund fehlender Mitwirkung habe die Mutter das Sorgerecht entzogen bekommen. Seit 5 Jahren haben Mutter und Tochter keinen Kontakt. Das Jugendamt war nach einem Umzug der Mutter neu zuständig, und die Mitarbeiterin im RSD (Regionalen Sozialpädagogischen Dienst) kannte die Mutter nur von der „Aktenlage". Der Vormund, der sich nach dem Sorgerechtsentzug seit 2009 als rechtlicher Vertreter um die Belange der Jugendlichen kümmerte, kannte die Mutter auch nicht persönlich. Er hatte aber die Telefonnummer des (*weißen* deutschen) Ehemannes Herrn G., der sich in der Vergangenheit immer wieder um die Belange des Mädchens kümmerte und über lange Zeit als Ansprechperson für das Jugendhilfesystem fungierte. Die Jugendliche wirke sehr selbstständig und älter, als man es von einer 15-jährigen erwarten würde. Sie sei immer wieder in Ereignisse involviert, bei denen Sachen entwendet wurden. Nach einem Aufenthalt in der Kinder- und

Jugendpsychiatrie in der Charité habe sie einige Jahre lang in einem relativ stabilen Zustand in einer Wohngruppe in einer großen Kinder- und Jugendhilfeeinrichtung im Nordosten Berlins gelebt. Als sie nach drei Jahren in eine andere Wohngruppe im selben Haus gewechselt sei, habe sie die Einrichtung immer wieder über einen Zeitraum von mehreren Tagen unentschuldigt verlassen und sei auf Trebe gewesen. Daraufhin sei sie in einer Kriseneinrichtung untergekommen, wo sie nach kurzer Zeit aufgrund anhaltender Trebegänge und Diebstähle wiederum den Platz verlor.

Ich sollte die Jugendliche nun ausfindig machen, sie halte sich gerne im Görlitzer Park auf und konsumiere Cannabis. Da sie mittlerweile aus dem Unterstützungssystem herausgefallen war, sollte ich mit ihr gemeinsam einen Platz im Betreuten Einzelwohnen (BEW) bei einem Träger suchen. Diesen Wunsch habe sie geäußert. Im Anschluss an die Hilfekonferenz rief mich die Klassenlehrerin von Nuria an, sie hatte meine Telefonnummer vom RSD bekommen. So bekam ich die Möglichkeit, in der Schule vorbeizuschauen und Nuria noch am selben Tag zum ersten Mal zu treffen.

Hier zeigte ich Nuria die Informationen des Jugendamtes, die ich über sie erhalten hatte und besprach das Angebot des Jugendamtes für ein BEW. Am folgenden Tag besuchte ich Nuria in einer Wohnung, in der sie bei einer entfernten Bekannten untergekommen war. Aus den Erzählungen folgerte ich, dass Nuria dort nicht länger leben konnte. Meine Recherche nach verschiedenen BEW-Angeboten in der Nähe der Schule zeigte, dass die Aufnahme in ein BEW und damit einhergehend die Klärung der finanziellen Versorgung sich doch einige Wochen hinziehen werde. Nuria war völlig mittellos und wohnungslos. Ihren Anspruch auf Leistungen durch das Jobcenter konnte sie nur mit einer gültigen Meldeadresse geltend machen. Daher kontaktierte ich Herrn G. Er schien sehr verwundert, dass Nuria Kontakt zu ihm wünschte. Ich erklärte ihm die Situation, die er mit seiner neuen Lebensgefährtin Frau K. besprechen wollte, mit der er mittlerweile zusammen wohnte. Die Mutter wusste davon offensichtlich nichts, wie ich später erfuhr. Mit der Lebensgefährtin kam es zu einem gemeinsamen Treffen mit Nuria am folgenden Tag. Sie war bereit, Nuria vorübergehend bei sich aufzunehmen. Dafür wurden Regeln abgesprochen wie regelmäßiger Schulbesuch und Zuverlässigkeit. So konnte ich mit Nuria mit einem Untermietvertrag und einer Meldeadresse ihre finanzielle Unterstützung beim Jobcenter klären. Bis zur Aufnahme im BEW sechs Wochen später kam sie bei dem Ex-Partner der Mutter, seiner neuen Partnerin und deren 12-jähriger Tochter unter.

Mitte Oktober zog Nuria in eine BEW-Wohnung eines großen Jugendhilfeträgers in der Nähe der Schule. Neben der Betreuung durch zwei Fachkräfte des neuen Trägers sollte die Unterstützung durch mich für einen Übergang beibehalten werden, denn Nuria hatte viele Kontaktabbrüche erlebt. Ich konnte mit der Jugendlichen schnell eine gute und vertrauensvolle Beziehung aufbauen. Das erklärte ich mir damit, dass in den ersten Wochen der Betreuungshilfe viele wichtige Dinge (Jobcenter, Unterkunft, BEW) geregelt werden konnten. Ihre Unzuverlässigkeit in Terminabsprachen hielt ich aus. Hartnäckig schaute ich immer wieder bei ihr vorbei. Zudem vereinfachten meine Kenntnisse verschiedener Lebensrealitäten und Gewohnheiten auf dem afrikanischen Kontinent (ohne hier generalisieren zu wollen) das Verständnis miteinander. Schnell erkannte ich, dass der Cannabiskonsum den Alltag der Jugendlichen bestimmte, und ich mich deshalb von meiner Vorstellung der gewünschten Nüchternheit bei unseren Treffen verabschieden musste, um überhaupt in Kontakt bleiben zu können.

Ich lernte ihren damaligen, etwas älteren Freund kennen, der aus einem Kriegsgebiet nach Deutschland gekommen war. Sie führten eine emotional sehr intensive und affektgeladene Beziehung. Die beiden konsumierten regelmäßig gemeinsam Cannabis.

Kontaktaufnahme zur Mutter – erste Erkenntnisse

Nach kurzer Zeit kamen wir auf ihre Mutter zu sprechen, zu der Nuria seit knapp fünf Jahren keinen Kontakt mehr gehabt hatte. Aus ihrer anfänglichen Aussage, dass sie lediglich das Grab ihrer Mutter aufsuchen werde, wenn diese verstorben sei, erkannte ich, dass sie sehr verletzt sein musste. Zum Kontaktabbruch konnte Nuria mir nicht viel sagen. Da sie mir gegenüber jedoch zu verstehen gab, dass sie sich ein Wiedersehen mit ihrer Mutter wünschte (obwohl sie es im Jugendamt nicht gesagt hatte), und es in meinen Augen wesentlich für Nuria schien, beschloss ich, der Sache auf den Grund zu gehen und mit der Mutter erst einmal alleine - ohne sie - in Kontakt zu treten. Von Kolleg*innenseite wurde mir diesbezüglich nicht viel Mut gemacht; denn sie gingen davon aus, dass die Mutter kein Interesse habe.

Ich wusste von Herrn G., dass die Mutter auf Post nicht reagieren würde.

Ich wollte auch nicht einfach klingeln und in ihre Wohnung reinplatzen. Also entschied ich mich, sie auf der Straße abzupassen. Von Herrn G. wusste ich, wann sie morgens ihre gemeinsame kleine Tochter in die Kita bringt. Auf ihrem Rückweg nach Hause von der Kita an einem Tag Ende November 2013 sprach ich sie an der Straßenecke zu ihrer Wohnung an. Ich stellte mich vor und fragte sie, ob sie Frau G. sei. Sie war zuerst sichtlich erschrocken, wollte nichts über Nuria hören. Sie sei kein „Monster", wie sie mir wiederholt sagte. Ich versuchte ihr verständlich zu machen, dass es mir darum gehe, ihre Sicht zu verstehen. Langsam kamen wir trotz der zu dem Zeitpunkt herrschenden Kälte ins Gespräch. Zum Abschluss meinte sie, „Gott hat mir geholfen, mein Herz zu schließen." Ich erwiderte, dass Gott auch helfen könne, ihr Herz wieder zu öffnen. Ich gab ihr meine Telefonnummer.

Zusammenfassung des ersten Gesprächs: *Sie rechtfertigte sich und erklärte, dass sie ihre Tochter nicht alleine habe zurücklassen wollen. Aber sie habe ja noch ihren Vater dort gehabt. Im Kontakt mit den Behörden in Berlin sei sie sich vorgekommen, als werde sie als „Monster" dargestellt, das ihre Tochter verließ. Die Großmutter väterlicherseits habe sie nie als mögliche Schwiegertochter akzeptiert. Diese habe 4 Kinder gehabt, alle seien mittlerweile verstorben. Diese Großmutter habe ursprünglich als Krankenschwester bei Europäern gearbeitet, ihr Mann habe in Brasilien als Ingenieur gearbeitet. Auch Nurias Vater sei Ingenieur gewesen, jedoch 2005 in jungem Alter verstorben. Er habe ein Alkoholproblem gehabt. Frau G. bezweifelte jedoch, dass er daran gestorben sei, vielmehr habe seine eigene Mutter ihn getötet – das habe auch Nuria ihr gegenüber bestätigt. Denn diese Frau sei eine „Hexe" und schade mit „Voodoo-Praktiken" anderen Mitmenschen. Da Nuria bei ihr gelebt habe, sei auch sie „verhext" worden. Nuria selbst habe auch ihre kleine Tante, die Schwester von Frau G., die nur ein Jahr jünger als Nuria ist, mit vergifteten Broten umbringen sollen, was jedoch misslang. So habe ihre Tochter selbst berichtet. Frau G. habe Nuria die ganzen Jahre sehr vermisst. Sie habe nachts immer eine kleine Puppe in ihren Armen gehalten und an ihre Tochter gedacht, die sie zurückgelassen hatte. Ein Jahr vor Nurias Umzug nach Deutschland sei sie gemeinsam mit Herrn G. in ihr Herkunftsland gereist, um ihn dort zu heiraten. So habe sie die Möglichkeit bekommen, ihre Tochter zu sich nach Berlin zu holen. Nuria habe sie mit großer Freude getroffen. Sie war da schon 8 Jahre alt, in ihren Erinnerungen aber immer noch das kleine Baby, welches sie bei ihrer Mutter zurückließ. Nuria habe ihr gesagt, dass sie zu ihr nach Deutschland mitkommen wolle. Die Mutter bereitete für* *die Zusammenführung alle notwendigen Papiere vor und beantragte einen Pass für ihre Tochter. Bis dahin war Nuria bei einer Tante (Schwester der Mutter) in der Hauptstadt untergekommen. Denn die Großmutter väterlicherseits habe sie wegen Kindesentführung angezeigt, und sie musste Nuria dort bis zum Abflug verstecken. Frau G. überwies ihrer Schwester monatlich Geld, damit ihre Tochter dort bis zur Abreise nach Berlin unterkommen konnte. Im Nachhinein habe sie von Nuria erfahren, dass sie dort nicht gut behandelt worden sei, woraufhin die Mutter den Kontakt zu ihrer Schwester abgebrochen habe. Bereits kurz nach der Ankunft ihrer Tochter in Berlin sei es schnell zu ersten Problemen gekommen. Nuria habe ihr mit dem Tod gedroht, erst dann könne sie glücklich sein. Sie habe „komische Dinge" gemacht. So versteckte sie z.B. „Objekte" in der Wohnung, z.B. unter dem Kleiderschrank – das bringe Unglück. Generell habe das Mädchen sie als Mutter in Angst versetzt.*[2] *An einem Tag im Winter 2008 sei ihre Tochter nicht nach Hause gekommen. Stattdessen habe sie einen Anruf aus der Kinder- und Jugendpsychiatrie der Charité bekommen. Als sie am kommenden Tag ihre Tochter besucht habe, habe sie nur im Beisein einer Therapeutin mit ihrer Tochter sprechen können und statt ihrer Muttersprache nur die deutsche Sprache verwenden dürfen. Das habe sie komisch gefunden, denn sie sei doch die Mutter und tue ihrer Tochter nichts. Nach dem Aufenthalt in der Charité sei Nuria statt nach Hause in eine große Kinder- und Jugendeinrichtung im Nordosten Berlins gekommen. Das sei der Wunsch Nurias gewesen. Sie als Mutter habe das nicht verstanden und sei sehr verletzt gewesen. Trotzdem habe sie zu Beginn ihre Tochter einige Male dort besucht und es hätten gemeinsame Gespräche mit dem Psychotherapeut*innenteam in der Einrichtung stattgefunden. Einmal habe sie Kleidung für den Winter vorbeigebracht. Da sie am folgenden Tag noch habe einen Schal bringen wollen und ihre Tochter nicht mehr sehen durfte, sei sie dann nicht mehr dorthin gegangen.*

Von Herrn G. erfuhr ich noch am selben Tag, dass die Mutter nicht glaube, dass ihre Tochter Nuria wirklich den Kontakt zu ihr aufnehmen möchte, denn das könne sie ja über die Cousine, die einzige Verwandte der Familie aus ihrem Herkunftsland in Berlin, tun.

Schon hier bestätigte sich meine erste Annahme, dass die Mutter sich in ihren Fragen und Problemen, mit denen sie zu Beginn des gemeinsamen Lebens von Mutter und Tochter in Berlin konfrontiert war, nicht verstanden und

2 Nuria sagte mir dazu, dass sie ihre Schulbrote oft nicht aufgegessen habe und sie deshalb, statt sie wegzuwerfen, in der Wohnung versteckt habe.

allein gelassen fühlte. Die Herangehensweise und der Umgang der deutschen Institutionen wie Jugendamt, Kinder- und Jugendpsychiatrie, Familiengericht sowie der Kinder- und Jugendhilfeeinrichtung schienen, laut Erzählungen der Mutter und auch von Herrn G., unverständlich für die Mutter gewesen zu sein. Das Ergebnis war ein kompletter Abbruch jeglicher Beziehung zwischen Mutter und Tochter seit 2009. Die Mutter fühlte sich nicht gesehen – der Auftrag des Jugendamtes und die zentrale Bedeutung des Kindeswohls war der Mutter offensichtlich nicht klar (gemacht worden). Einladungen per Post zu Gesprächen zerriss die Mutter im Hausflur, es sollte nichts mehr von Nuria in der Wohnung sein. Niemand suchte Frau G. direkt auf und sprach sie an. Sie verstand das System nicht und auch nicht, was ihr geschah. Sie blieb alleine mit ihren Erklärungsversuchen der Ereignisse zurück.

Ich teilte Nuria mit, dass ich mich mit ihrer Mutter unterhalten hatte. Sie reagierte mit Verwunderung und verhaltener Freude. In den folgenden Treffen kamen wir immer öfter auf ihre Mutter zu sprechen, langsam berichtete sie von gemeinsamen, meist schönen Erlebnissen mit ihr. Zu Weihnachten schrieb ich der Mutter eine Karte, um mich für das Gespräch im November zu bedanken, Nuria wollte einen Weihnachtsgruß auf die Karte schreiben. Später teilte mir Herr G. mit, dass die Mutter die Karte wegschmeißen wollte, nachdem sie den Namen ihrer Tochter darauf sah.

Der Hilfezeitraum lief ab. Nuria lebte mittlerweile aufgrund von Problemen in der Zusammenarbeit mit ihren Bezugsbetreuer*innen in einer anderen Trägerwohnung in einem anderen Stadtteil mit neuen Ansprechpartner*innen. Sie konsumierte immer öfter schon zu Tagesbeginn Cannabis. Die Schule besuchte sie kaum noch. Ihre Wohnung war oftmals sehr vermüllt und sie pflegte sich kaum. Meine Zusammenarbeit mit ihr wurde auf ausdrücklichen Wunsch der Jugendlichen nach gemeinsamen Gesprächsterminen mit mir weiterhin - trotz der Doppel-Finanzierungsproblematik durch das Jugendamt - verlängert. In unserer Arbeitsbeziehung entwickelte Nuria eine relative Zuverlässigkeit im Gegensatz zu anderen Arbeits- wie privaten Beziehungen. Die Jugendliche hatte viele Fragen sozialer und politischer Art, und wir unterhielten uns oft sehr angeregt. Vor Ablauf des nächsten Hilfezeitraumes für die Betreuungshilfe wollte ich in Absprache mit Nuria einen erneuten Versuch starten, mit der Mutter in Kontakt zu treten. So passte ich Mitte Juni die Mutter abermals an der Straßenecke ab. Sie erkannte mich wieder und lud mich dieses Mal in ihre Wohnung ein. Hier berichtete sie mir weitere Details

aus ihrem Leben:
Sie wuchs im Bürgerkrieg auf, der nach dem offiziellen Ende der Kolonisation in ihrem Heimatland über Jahrzehnte herrschte. Als Älteste von 6 Geschwistern lebte sie mit ihrer Mutter zusammen. An ihren Vater kann sie sich nicht erinnern. Sie musste eine große Verantwortung für ihre Geschwister übernehmen, denn ihre Mutter musste täglich schon früh zur Arbeit in einer Bäckerei gehen, da sie keinerlei finanzielle Unterstützung für sich und ihre Kinder hatte. Der Vater von Nuria sei ihre „große Liebe" gewesen. Jedoch war dessen Mutter schon immer gegen diese Beziehung gewesen, sie empfand, dass ihr Sohn etwas „Besseres" verdient habe. Die Beziehung zum Vater von Nuria sei bereits beendet gewesen, als sie ihre Tochter entbunden hat. Er habe genau wie alle anderen einen Schwangerschaftsabbruch von ihr verlangt, wie zuvor schon einmal. Um zu überleben und sich medizinische Versorgung leisten zu können, habe sie Erdnüsse auf dem Markt verkauft. Da ihr Antrag auf ein Visum zu Ausbildungszwecken bewilligt wurde, reiste sie nach Berlin. Hier kam sie erst einmal bei ihrer Cousine unter, die sie nicht gut behandelt habe. Ihre 6 Monate alte Tochter ließ sie vorerst bei ihrer Mutter in ihrer alten Heimat zurück. Sie wollte sie eigentlich nach 2 Jahren nachholen. Jedoch habe Nuria seit ihrem 2. Geburtstag bei ihrer Großmutter väterlicherseits gelebt. Das habe sie ihrer eigenen Mutter nicht verziehen. Die Großmutter väterlicherseits habe ein großes Haus und sei finanziell gut abgesichert, während in der Wohnung ihrer eigenen Mutter viele Personen auf engstem Raum zusammenlebten und finanzielle Not herrschte. So lebte Nuria bei ihrer Großmutter väterlicherseits zusammen mit ihrem Vater und ihrem Cousin. Nurias Vater verstarb 2005 alleine in einem Krankenhaus in der Hauptstadt. In der Sterbeurkunde habe „Tod an einer Leberzirrhose" gestanden. Die Beerdigung des Sohnes habe die eigene Mutter als eine große Feier inszeniert. Nuria sei nicht dabei gewesen. Beide Großmütter, die in der Nachbarschaft leben, verstanden sich nicht gut. Durch die „Wegnahme" der Enkelin bestärkte die Großmutter väterlicherseits ihren Ruf, eine „Hexe" zu sein. Das werde durch die Tatsache bestätigt, dass ihre Kinder bereits alle verstorben sind. Weil Nuria mit ihr zusammen lebte, sei sie ebenso „verhext" worden und habe destruktive Kräfte. Als die Mutter zum ersten Mal nach 8 Jahren gemeinsam mit Herrn G. in ihr Herkunftsland reiste, fand sie das Leben dort sehr befremdlich. Nuria konnte sie 2008 nach Berlin holen. Eigentlich kannten sie sich nicht. Ihre Tochter habe relativ schnell die deutsche Sprache gelernt. Es habe aber sehr viel Ärger zwischen ihnen beiden insbesondere wegen des Lernens für die Schule gegeben. Nuria sei auf eigenen

Wunsch in die Einrichtung gekommen. Nach einigen Gesprächen habe sie, die Mutter, den Kontakt abgebrochen, da sie nicht alleine mit ihrer Tochter sprechen durfte. Das Familiengericht habe ihr das Sorgerecht entzogen. Wenn doch ihre Tochter nicht bei ihr leben möchte, müsse sie auch nichts machen. Das habe ihre Tochter so geplant gehabt. Dem Wunsch nach einem Einzug der Tochter bei ihrer Cousine sei nicht stattgegeben worden. Da sie sich dem Ansinnen des Jugendamtes nach einer Übertragung des Sorgerechts auf ihren Ehemann Herrn G. widersetzte, wurde ein Vormund bestellt. Den kenne sie nicht.

Am Ende der Unterhaltung stimmte die Mutter einem Treffen mit ihrer Tochter zu unter der Voraussetzung, dass ich mit dabei bin.

Es war mir klar, dass Frau G. damals völlig überfordert gewesen war mit der Ankunft ihrer Tochter im anfänglichen Zusammenleben. Ihre Erziehungsmaßnahmen waren oft gewalttätig, vielleicht aus Hilflosigkeit und Verzweiflung? Ihre Tochter war schon groß, die Mutterschaft als Prozess hatte durch die Trennung nicht stattgefunden. Familiäre Konflikte im Herkunftsland schienen sich um Nuria zu drehen: Ein Aspekt war der Neid der Großmutter väterlicherseits, die Nuria nicht ziehen lassen wollte. Die Mutter hatte kein gutes Verhältnis mit ihr. Aufgrund des Umzugs der Mutter hatte ihre Familie, die in „einfachen Verhältnissen" lebte, hohes Ansehen. Nurias Mutter schaffte es nach Europa, obwohl sie aus „einfachen" Verhältnissen stammte. Dadurch hatte deren Familie plötzlich großes Ansehen. Wurde Nuria initiiert von der Großmutter, wie die Mutter annahm?[3] Festzuhalten sind die Gedanken der Mutter, dass Aktionen der Großmutter nur die einer „Hexe" sein konnten.

Die enttäuschte und wütende Mutter kümmerte sich nicht mehr um ihre Tochter und das Sorgerecht, welches ihr die ihr unverständlichen deutschen Institutionen weggenommen haben – warum auch, wenn ihr nicht zugehört wird, die Tochter sie selbst „zu verhexen" droht und den Abbruch des Kontakts wünscht?

Erstes Treffen zwischen Mutter und Tochter

Enthusiastisch (auch blauäugig), dass es nun zu einem Treffen zwischen Mutter und Tochter kam, trafen wir uns 2 Wochen später in einem Raum einer

3 Initiieren: mit einem Ritual in einen Kreis einführen, in eine Gemeinschaft aufnehmen; einweihen – Nuria berichtete davon später.

öffentlichen sozialen Einrichtung. Die Mutter wollte auch Herrn G. dabei haben. Herr G. teilte mir am Tag davor mit, dass seine Exfrau den Termin sonst nicht wahrnehmen werde. Er wollte eigentlich nicht, da es wieder das alte Verhaltensmuster sei und er schlechte Erfahrungen mit seinem „Kümmern“ hatte. Ich sah seine Teilnahme in Absprache mit Nuria als wenig problematisch, solange es der Mutter helfe, zu kommen. Es kam dann anders als gehofft.

Die Mutter begrüßte ihre Tochter nicht. Sie meinte, dass sie die Bibel dabei habe und Knoblauch, um sich gegen die vermeintlich „bösen Kräfte“ ihrer Tochter zu schützen. Sie machte ihrer Tochter unentwegt Vorwürfe. Ich konnte sie kaum stoppen. Nuria weinte viel, gab ihrer Mutter unter Tränen zu verstehen, dass sie sich die „Voodoosache“ nur ausgedacht hatte, aus Angst vor weiteren Prügeln. Da sie wusste, dass ihre Mutter dann aus Angst aufhören würde, habe sie damals ihre Drohungen oftmals wiederholt, wie sie sagte. Frau G. reagierte kalt, ließ sich nicht beeindrucken, meinte, dass die Tränen nicht echt seien. Sie verließ nach kurzer Zeit den Ort des Treffens, ohne sich zu verabschieden.

Anbahnung Kontakt Mutter und Tochter

In der folgenden Woche suchte die Mutter den Ort unseres Treffens auf, um mich zu sprechen. Ihr tat der Verlauf des Treffens leid, eigentlich hatte sie nur sagen wollen, dass sie noch nicht bereit für den Kontakt mit ihrer Tochter Nuria sei. Sie hatte, für sie völlig überraschend, den Scheidungsantrag erhalten. Den von Herrn G. genannten Zeitpunkt der Trennung konnte sie nicht einordnen, ihre Beziehung sei doch sowieso nicht „richtig“ gewesen. Ebenso erhielt sie ein Schreiben vom Jugendamt bezüglich der anstehenden Sorgerechtsregelung der gemeinsamen kleinen Tochter. Das habe sie zum Nachdenken gebracht. Sie könne Herrn G. nicht vertrauen. Ich besuchte die Mutter am folgenden Tag in ihrer Wohnung. Sie hatte Frühstück vorbereitet. Sie zeigte sich offen und reflektiert. Insgesamt taten ihr ihre Reaktion auf Nuria und die vielen Vorwürfe leid. Sie habe Angst gehabt und sei sehr nervös gewesen, deshalb habe sie Knoblauch und die Bibel dabei gehabt, um den vermeintlich bösen Zauber, der von Nuria ihrer Meinung nach ausgehe, abzuwehren. Sie erzählte wieder von vielen Erlebnissen in ihrer eigenen Kindheit und Jugend und aus ihrem Leben in Berlin. In Berlin habe sie viele Erfahrungen mit Rassismus gemacht, lebte über einen längeren Zeitraum illegalisiert und war zeitweilig im Abschiebegewahrsam. Zu ihrer aktuellen Schwiegermutter habe sie kein gutes Verhältnis. Die habe die Tochter „Negerbaby" genannt, auch soll sie gesagt haben, dass sie sich schon immer ein „Toffifeebaby" gewünscht habe. Das verletzte die Mutter sehr, zumal ihr Ehemann es mit den Worten abtat, dass seine Mutter das nicht so meine. Ihre zweite Tochter sei durch künstliche Befruchtung entstanden. In den Tagebüchern des Mannes, die sie heimlich gelesen habe, hätten viele rassistische Äußerungen gestanden. Mitunter verlor sie sich in Geschichten, fand aber letztlich immer wieder zum Ausgangspunkt zurück.

Wir unterhielten uns auch über ihre Vorstellungen von „Voodoo", worunter ich erst einmal eine synkretistische Religion mit Ursprung in Westafrika verstand. Ihrem Verständnis nach ist damit etwas Negatives gemeint. Sie nannte es so, da sie dachte, dass die „Deutschen" es dann verstehen würden. In ihrer Muttersprache gäbe es den Begriff „feitico" dafür. Das kann übersetzt werden mit dem Wort „Zauber". Darunter wird in ihrem Herkunftsland „Hexerei" oder „schädliche Zauberkraft" verstanden. Ich lernte, dass es als ein Erklärungsmodell für ein Übel steht, für das eine Person aus dem familiären Rahmen verantwortlich gemacht wird.[4]

Im Laufe des Nachmittags bedankte sich die Mutter per sms für das erneute Gespräch und machte den Vorschlag, dass sie mit Nuria gerne einmal einen Gottesdienst besuchen möchte. Nuria reagierte sehr offen auf diese Idee und war spontan bereit. An einem Sonntag einige Wochen später verabredeten wir uns zu einem gemeinsamen Gottesdienstbesuch in der katholischen Kirche bei der Mutter um die Ecke. Nach dem Gottesdienst saßen Mutter und Tochter noch lange gemeinsam in der Kirchenbank und unterhielten sich. Die Mutter erklärte und entschuldigte ihr Verhalten. An dem Essen, welches Frau G. vorbereitet hatte, konnte ich aufgrund privater Termine nicht teilnehmen. Nuria wollte auch nicht bleiben ohne mich. Die Mutter versuchte nicht, sie zu überreden.

Im weiteren Verlauf brach ich den Kontakt zu dem Ziehvater Herr G. und seiner Lebensgefährtin ab. Sie nahmen der Mutter ein ehrliches Interesse an einem Kontakt zu ihrer Tochter nicht ab. Herrn G. gab ich noch

---

4 vgl. z.B. die Veröffentlichung von Global Voices: https://de.globalvoices.org/2008/11/28/angola-sechsjahrige-kinder-wurden-der-hexerei-bezichtigt/ oder Syring, Ralf in der Zeitschrift „Behinderung und internationale Entwicklung" http://www.zbdw.de/userfiles/downloads/2000_1.pdf

Informationen zu anderweitigen Hilfen bezüglich der Umgangsregelung der gemeinsamen Tochter. Ich sah, dass Herr G. der Mutter gegenüber nicht offen und ehrlich war. Ihre weitere Beteiligung am Prozess erschien mir nicht mehr hilfreich sondern zunehmend störend. Für mich standen Mutter und Tochter im Zentrum. Zudem hatte ich nur ein geringfügiges Stundenkontingent zur Verfügung. Ich erfuhr auch von der Mutter, dass sie Herrn G. zur damaligen Zeit einen sexuellen Missbrauch an der Tochter unterstellte hatte, wovon sie immer noch überzeugt sei.

Nach dem gemeinsamen Besuch in der Kirche kam es zu weiteren begleiteten Treffen auch mit der kleinen Schwester. Die Mutter war sehr erfreut und dankbar. Regelmäßig sagte sie mir, dass ich ihr ihre Tochter zurückgebracht habe. Gemeinsam lachten wir über ihre anfängliche Meinung zu mir. Sie dachte, ich könne nur zu den „Zeugen Jehovas" gehören. Die seien die einzigen, die sie als so hartnäckig kennen würde. Auch, dass Nuria für einige Wochen bei Frau K. unterkam und ich das in die Wege geleitet hatte zu der damaligen Zeit, blieb nicht unerwähnt. Nuria gab mir anfänglich gegenüber zu verstehen, dass sie ihre Mutter (noch) nicht alleine treffen möchte. Die Mutter selbst wünschte auch meine Anwesenheit. Sie wollte aufgrund ihrer Erfahrungen immer eine „Zeugin" dabei haben. Nuria sprach zu Beginn wenig, sie wolle ihrer Mutter zuhören, wie sie meinte. Es war sehr schön zu beobachten, wie Nuria und ihre kleine Schwester in Beziehung traten. Die Treffen wurden im Verlauf lockerer und die Stimmung war entspannter. Am 3. Geburtstag ihrer Schwester war Nuria alleine dabei. Das folgende Weihnachtsfest verbrachte Nuria das erste Mal mit ihrer Mutter gemeinsam.

Die Kontaktanbahnung kam im weiteren Verlauf zum Stocken. Auch wenn Nuria sich einerseits froh über den Kontakt zu Mutter und Schwester äußerte, zeigte sie mit ihrem Verhalten andererseits in der Folge jedoch das Gegenteil. Sie wurde zunehmend unzuverlässiger. Ihre geäußerten Wünsche nach weiteren Treffen setzte sie nicht mehr in die Tat um. Sie schien immer regungsloser zu werden, was sie sich selbst und mir nicht erklären konnte. Ich wartete öfter vergeblich zusammen mit Mutter und Schwester auf Nuria.

Die kollegiale Zusammenarbeit zwischen den beiden BEW-Betreuer*innen und mir war gut und phasenweise intensiv. Wir tauschten uns regelmäßig aus und trafen Nuria auch gemeinsam. Ich initiierte ein erstes gemeinsames Treffen mit der Mutter und der Bezugsbetreuerin aus dem BEW. Aufgrund zahlreicher weiterer Themen in der Arbeit mit Nuria (Cannabiskonsum[5], Schulabstinenz, Delinquenz, Unzuverlässigkeit, Unordnung, Geldnot) konnte der Bereich des Mutter-Tochter-Kontaktaufbaus nicht an das BEW-Team übergeben werden. Eine Doppelfinanzierung wurde weiterhin, wenn auch mit einem sehr geringen Stundenkontingent, vom Jugendamt bewilligt. Hier gab es mittlerweile eine neue zuständige Mitarbeiterin im RSD.

Suche nach einem psychotherapeutischen Setting

Es gab verschiedene Versuche, für Nuria einen geeigneten und passenden psychotherapeutischen Rahmen zu schaffen, in dem sie sich mit ihrer eigenen Lebensgeschichte auseinandersetzen konnte. Die Möglichkeiten der Unterstützung in Form ambulanter sozialpädagogischer Erziehungshilfe durch BEW-Betreuer*in und mir waren nicht ausreichend. Nuria selbst war immer wieder sehr ambivalent gegenüber psychotherapeutischen Angeboten. Versuche, eine geeignete Therapeutin, im interkulturellen Kontext versiert, für Nuria zu finden, gelangen nicht. Da die frühere Psychotherapeutin von Nuria, Frau W., aus der ersten Jugendhilfeeinrichtung der Jugendlichen im Jahr zuvor Nuria eine Postkarte geschrieben hatte, nahm ich schließlich Kontakt zu dieser auf. Frau W. selbst hatte zu der Zeit nur eine Kassenzulassung für Erwachsene. In einem gemeinsamen Treffen stimmte Nuria ihrer Idee zu, dass sie mit ihrer Mutter arbeiten könne (wenn diese möchte) und infolge dessen auch gemeinsame Sitzungen mit der Mutter stattfinden könnten. Ich übermittelte den Vorschlag der Mutter, die sich interessiert zeigte. Sie nahm dann auch für einige Monate eine Psychotherapie bei Nurias früherer Therapeutin wahr, die sie dann abbrach, um in einer interkulturellen Mediation vor der Scheidung mit dem Vater der jüngeren Tochter eine Einigung bezüglich des Umgangs zu finden. Es kam leider zu keiner gemeinsamen Sitzung von Mut-

5 In unserer kollegialen Reflexion diskutierten wir einen möglichen Zusammenhang zwischen dem stetigen Cannabiskonsum und Nurias traumatisierenden Bindungserfahrungen, die sie in ihren jungen Jahren in ihrer Herkunftsfamilie bei der Großmutter väterlicherseits sowie bei ihrer Mutter machte. Auch hatte sie als Fünfjährige den Tod des Vaters zu verkraften gehabt. Die Folgen und Schmerzen, die ihre vielfältig gebrochenen Bindungserfahrungen mit sich brachten, wurden womöglich durch Cannabis eingedämmt. Nuria erklärte mir selbst, dass der Cannabiskonsum bewirke, dass sie weniger Wut habe und nicht so aggressiv sei. Zudem helfe es ihr bei ihren Schlafstörungen und ihren Ängsten im Dunkeln. Cannabis hat eine sedierende Wirkung – ständiges Hyperstressgefühl wird dadurch heruntergedrosselt und Emotionen werden unterdrückt.

ter und Tochter bei Frau W. Die Therapeutin berichtete mir in diesem Zusammenhang, dass sie früher kaum Informationen über den familiären Hintergrund gehabt habe. Erst in den Sitzungen mit der Mutter habe sie mehr über die familiären Hintergründe gelernt und dass Nuria möglicherweise von ihrer Großmutter väterlicherseits initiiert worden sei. Diese Dynamik in der Beziehung zwischen Mutter und Tochter schien tendenziell gegenseitig. Nuria sagte später dazu, wenn sie in den Augen anderer doch schlecht sein sollte, sei ihr Verhalten es oftmals auch gewesen.

Die BEW-Betreuerin begleitete Nuria mehrmals zu einer ambulanten Suchtberatung. In einer Stellungnahme des KJPD wurde ein Abhängigkeitssyndrom diagnostiziert, eine Störung in der Affektregulierung sowie eine Minderung des IQs.[6] Ein Platz auf der Station mit dem Schwerpunkt Abhängigkeitserkrankungen in der Kinder- und Jugendpsychiatrie in einem Berliner Klinikum wurde zugesagt, Vorgespräche durch die BEW-Betreuerin begleitet, jedoch wurde diese Zusage letztlich seitens des Klinikums nicht eingelöst. Auch eine Erklärung gab es nicht dazu. Therapeutische Angebote des BEW-Trägers wurden nicht bewilligt. Nurias Wohnung verwahrloste zusehends (ein Spiegel ihrer Gemütslage?), sie brach ihre Schule komplett ab, der Cannabiskonsum war weiterhin alltagsbestimmend. So kam sie im Sommer nach einer zehntägigen stationären Entgiftung in eine stationäre Jugendhilfeeinrichtung für drogenabhängige Jugendliche in Berlin. Es erschien alternativlos. Damit endete unsere Zusammenarbeit nach 22 Monaten offiziell. Ich übergab den aktuellen Stand der Kontaktanbahnung in der Arbeit mit der Mutter an die neue Einrichtung und erläuterte die familiären Hintergründe. Mit der Mutter kam es abschließend zu einem gemeinsamen Besuch in der Einrichtung. Nuria durfte diese Einrichtung in der ersten Phase nicht alleine verlassen und konnte ihre Mutter und Schwester nicht besuchen. Das verstand die Mutter nicht wirklich.

Wochen später nahm der Mädchennotdienst Kontakt mit mir auf. Hier war Nuria nach dem Abbruch der Zusammenarbeit mit dem Träger untergekommen. Ich ging mit der Mutter zu einem gemeinsamen Gespräch. Wir blieben weiterhin locker in Kontakt. Die Mutter war schwanger, worüber sie zu Beginn nicht glücklich war - ein „Unfall" wie sie meinte. Da Nuria immer wieder mit dem Gesetz in Konflikt kam und Sozialstunden abzuleisten hatte,

6 Nirgendwo wurde beschrieben, inwieweit ihr Verhalten mit einer möglichen komplexen posttraumatischen Belastungsstörung in Zusammenhang gedacht werden könnte.

ermöglichte ich ihr dies in einem Projekt („Nähcafé – für Mütter afrikanischer Herkunft"), welches ich gemeinsam mit anderen an dem schon bekannten öffentlichen sozialen Treffpunkt für Kinder und Familien durchführte. Letztlich kam sie sogar öfter dorthin als sie musste.

Einzug bei der Mutter

Zu Ende des Sommers hatte Nuria nach Beendigung der Zusammenarbeit mit dem Mädchennotdienst aufgrund ihres unsteten Verhaltens keine feste Bleibe. Im Jugendamt war abermals eine neue Sozialarbeiterin für sie die Ansprechperson. Einen Platz in einer Einrichtung im Osten der Stadt nahm sie nicht an. Nuria meinte zu mir, dass sie stattdessen doch eigentlich gerne bei ihrer Mutter und ihrer Schwester einziehen möchte. Sie wünschte meine Unterstützung dabei. Auch die Mutter war dieser Idee nicht abgeneigt, zumal sie auch räumlich Platz hatte. Da sich beide[7] eine weitere Intensivierung der Mutter-Tochter-Beziehung wünschten, besprachen wir die Idee gemeinsam wie auch einzeln untereinander. Regeln wie Zuverlässigkeit und kein Rauchkonsum in der Wohnung wurden festgehalten. Nuria meinte, wenn sie bei ihrer Mutter einziehe, könne sie nicht noch einmal / wieder gehen, sie wolle dann „für immer" dort bleiben. Darüber unterhielten wir uns beide, und ich gab ihr deutlich zu verstehen, dass ich ihren Versuch und Wunsch danach wertschätze, es jedoch kein Muss sei. Ich hatte meine Bedenken, da ich annahm, dass es für ein Zusammenleben zu früh sei. Es fehlte ein für Tochter und Mutter begleitendes familientherapeutisches Setting, das mir für ein Gelingen wesentlich schien. Was, wenn das Zusammenleben abermals scheiterte und zu einem erneuten Kontaktabbruch führte? Trotzdem informierte ich das Jugendamt zu Nurias Bitte nach einer erneuten Aufnahme der offiziellen Zusammenarbeit mit mir. Nuria zog bei der Mutter ein, erst 2 Wochen später wurde bei einer Hilfekonferenz der Auftrag bewilligt, (ich bekam zunächst ein, gemessen an den Anforderungen des Falles, karges Kontingent von 4 Fachleistungsstunden pro Woche).

Die ersten Tage verliefen wie besprochen. Es kam zum ersten Treffen zwischen dem Vormund und der Mutter. Die polizeiliche Anmeldung wurde geregelt und die finanziellen Angelegenheiten beim Jobcenter und der Fami-

7 oder ein Anteil von ihnen, wie mir später klar wurde.

lienkasse geklärt.

Nach drei Wochen verließ Nuria die mütterliche Wohnung ohne ein Wort der Erklärung. Das BVG-Ticket der Mutter sowie den Wohnungsschlüssel nahm sie mit. Der Vormund machte eine Vermisstenmeldung. Die Mutter berichtete mir von vollurinierten Gefäßen[8] in Nurias Zimmer sowie Tabakmüll und verschimmeltem Essen. Sie zeigte sich besorgt aber auch teilweise erschrocken. Ihre Tür sei aber nicht für ihre Tochter verschlossen, wie sie meinte. Als Nuria sich bei mir meldete, um zu wissen, ob sie zur Mutter zurück dürfe, bejahte ich diese Frage. So stand sie am späten Abend bei der Mutter vor der Tür. Am nächsten Morgen bat die Mutter Nuria morgens um ihr BVG-Ticket und ging bis zum Abend. Nuria verbrachte den Tag mit Lesen und Hausarbeit. Sie fragte mich mittags am Telefon nach dem Verbleib ihrer Mutter. Abends, Mutter und Schwester waren zurück, führten wir erneut ein langes Telefonat, wie kann sie morgens den Tag beginnen? Wir besprachen verschiedene Möglichkeiten. Am folgenden Morgen verließ Nuria morgens die Wohnung, den Wohnungsschlüssel nahm sie mit. Sie übernachtete beim Jugendnotdienst. Das Jugendamt fand einen Platz für die Jugendliche in derselben großen Kinder-und Jugendhilfeeinrichtung im Nordosten Berlins, in die Nuria damals gekommen war. Hier traf ich sie einige Tage später. Nuria wirkte abwesend und völlig emotionslos in dem Gespräch mit mir und dem Mitarbeiter der Einrichtung. Später alleine mit mir in ihrem Zimmer verbarrikadierte sie die Tür und heulte sehr viel. Ihren Äußerungen zufolge war sie gedanklich und gefühlsmäßig wieder das 10-jährige Kind, das in der Einrichtung vergeblich auf die Besuche der Mutter wartet. Sie wurde von Erinnerungen überflutet. Ich tröstete sie und fühlte mich selbst ziemlich hilflos. Was konnte ihr helfen? Durch diese Erfahrung wurde ihr Erleben weiter re-inszeniert. Diese Einrichtung war nicht der richtige Ort für sie. Das schien auch Nuria so zu sehen, denn sie ging am folgenden Tag wortlos. Sie hinterließ auch hier ein vermülltes Zimmer mit vollurinierten Gefäßen. Zur verabredeten Hilfekonferenz im Jugendamt am folgenden Tag erschien sie nicht. Daher kam die Idee auf, erneut den Sozialarbeiter für das Angebot für drogenmissbrauchende Jugendliche im bereits erwähnten Klinikum, Herrn F., zu kontaktieren. Sie kannten Nuria schon aus den notwendigen Vorgesprächen ein Jahr zuvor (s.o.), als ein stationärer Aufenthalt geplant war. In der kommenden Woche hatte Herr F. am Mittwoch einen Termin frei.

8 Nuria hatte Angst, im Dunkeln auf Toilette zu gehen, wie sie mir auf Nachfrage sagte.

Ich besuchte die Mutter und räumte das verdreckte Zimmer auf. Die Mutter wunderte sich, dass ich die Sachen ohne Angst einpackte. Da ich nicht an die von ihr ihrer Tochter unterstellten „bösen Kräfte“ glaube, schaden sie mir nicht, gab ich ihr zu verstehen. Ich erkannte, dass auch die Mutter wieder in die Vergangenheit abrutschte und alte Ängste hochkamen. Ihren Erzählungen nach verbarrikadierte sie auch nachts ihre Zimmertür. Da Nuria sich nicht bei mir meldete, suchte ich sie am folgenden Mittwoch an den mir bekannten öffentlichen Plätzen, die sie mochte. Ich fand sie zusammen mit ihrem Freund. Nach kurzem Überlegen willigte sie in die Idee mit der Klinik ein, und zusammen mit ihrem Freund begleitete ich sie dorthin. Aufgrund unserer Verspätung sagte Hr. F. zuvor telefonisch ab. Ich informierte ihn zu der Wohnungslosigkeit der Jugendlichen. Sie wurde am selben Abend aufgenommen und musste die erste Nacht mit ihrer Einwilligung auf der geschlossenen Station verbringen. Am folgenden Morgen holte ich Nurias Sachen aus der Einrichtung ab und übergab den Zimmerschlüssel. Um Näheres über die damalige Zeit von Nuria in der Einrichtung zu erfahren, machte ich ein Treffen mit dem zuständigen Leiter aus. Hier erfuhr ich, dass Herr G. sich um Nuria gekümmert habe, sie zu Ausflügen eingeladen und ihr Nachhilfe gegeben habe. Die Mutter war dem Leiter nicht persönlich bekannt. Sie hatten Kenntnis von dem Vorwurf der Mutter bezüglich eines sexuellen Missbrauchs durch Herrn G. an der Jugendlichen, konnten jedoch keine Anzeichen erkennen. Die Kontakte seien seltener geworden.

Wiederum einen Morgen später holte ich Sachen bei der Mutter ab, die ich Nuria in die Klinik bringen wollte. Die Mutter hatte die Kleidung selbst gewaschen trotz ihrer Angst vor „Vergiftung“. Das schätzte ich ihr gegenüber wert. Am Mittag erfuhr ich, dass Nuria die Klinik verlassen hatte. Sie meldete sich später am Nachmittag bei mir, wir verabredeten uns bei mir zuhause.[9] Nuria kam am Abend, nach kurzer Zeit schlief sie auf der Wohnzimmercouch ein. Gemeinsam besprachen wir am nächsten Morgen die aktuelle Lage und klärten mögliche anstehenden Schritte: ich machte erneut einen Termin in der Psychiatrie mit dem zuständigen Sozialarbeiter Herrn F. aus, auch kontaktierte ich einen weiteren Träger, der BEW für drogenkonsumierende Jugendliche in einem ambulanten Setting anbietet und machte einen Termin für ein Vorgespräch aus. Ich erinnerte, dass der Mädchennotdienst den Erstkontakt

9 Das Jugendamt sowie den Vormund habe ich zuvor zu möglicher fachlicher Grenzüberschreitung informiert: falls Nuria keine Bleibe habe, würde ich sie nicht für die Nacht wegschicken.

hergestellt hatte. Am Nachmittag verabschiedeten wir uns, Nuria wollte für ein paar Tage zu einem Freund.

Umgang mit Herausforderungen – Bindung und Netzwerk

Zum vereinbarten Gespräch mit dem Sozialarbeiter Herrn F. in der psychiatrischen Abteilung für jugendliche Suchtkranke kam Nuria nicht. Hier erfuhr ich, dass die Jugendliche schwanger sei (bei der Aufnahme war ihr Blut entnommen worden). Wir tauschten uns aus über ihre möglichen Reaktionen und die Wege, die das Klinikum ihr bieten könnte. Ich informierte den Vormund und den RSD dazu. Nuria fand ich beim Jugendnotdienst. Ihre erste Reaktion auf ihre mögliche Schwangerschaft war die Frage „wie kann ich das schnell wegmachen?“ Zuerst müsse ein Termin bei einer Frauenärztin ausgemacht werden, um die Schwangerschaftswoche festzustellen, meinte ich zu ihr. Beim folgenden gemeinsamen Gespräch im Jugendamt wurde Nuria in dieser Situation lediglich ein Sleep-In angeboten. Sie beharrte jedoch auf ihrem Wunsch, in die Kriseneinrichtung einzuziehen, in der sie schon nach ihrem ersten Weggang aus der Jugendhilfeeinrichtung 2013 für kurze Zeit untergekommen war.[10] Ich begleitete sie mangels Alternativen dorthin. Unterwegs berichtete Nuria mir über für sie beängstigende Rituale in ihrer Kindheit, weshalb sie auch Angst vor Masken habe und bei Karneval und Halloween am liebsten zuhause bleibe. Immer mehr lang unterdrückte Erinnerungen schienen in ihr Gedächtnis zu fluten.[11]

Zur weiteren Klärung der Schwangerschaft machte ich einen Termin bei der Frauenärztin aus. Nuria erschien nicht zu dem Termin. Sie informierte mich auch nicht. Ihr Freund wollte von mir wissen, wo sie denn nun wohne. Stattdessen ging Nuria eine Woche später alleine zu einer Frauenärztin, die ihr bescheinigte, bereits in der 20. Schwangerschaftswoche zu sein. Eine mögliche Abtreibung in diesem fortgeschrittenen Stadium war nur mit einem psychiatrischen Gutachten möglich. Dafür organisierte der Vormund einen Termin in der Ambulanz der Kinder- und Jugendpsychiatrie im bereits bekannten Klinikum. Nach einem Gespräch, in dem ich meine Meinung äu-

10 Eine abermalige Reinszenierung.

11 Nicht nur die Mutter sondern auch die Großmutter väterlicherseits hat offensichtlich rituelle Gewalt an Nuria ausgeübt.

ßerte, dass ich bei Nuria keine suizidalen Gedanken erkennen könne, wurde sie in meinem Beisein zwangseingewiesen. Ich war durchaus fassungslos und sagte dem zuständigen Psychologen, dass die Jugendliche in meinen Augen traumatisiert sei. Ihr fragender Blick, in dem ich ein Gefühl von sich verraten fühlen zu sehen meinte, als sie in den Fahrstuhl geführt wurde, verfolgte mich die ganze Nacht. Wie geht es weiter? Als ich am nächsten Tag ins Klinikum fuhr, hatte sich geklärt, dass es keinen richterlichen Beschluss geben werde und die Jugendliche wurde dementsprechend entlassen. Wir gingen dann in die Gynäkologie des Klinikums. Die Oberärztin nahm sich viel Zeit und gemeinsam erklärten wir Nuria das Verfahren für einen Abbruch bei einer so fortgeschrittenen Schwangerschaft. Hier bekam Nuria einen Kontakt für eine Schwangerschaftskonfliktberatungsstelle am Ku`damm. Diese Adresse war ein „Segen". Nuria fand sich einer älteren Ärztin gegenüber, die ihr sehr zugewandt war. Nach mehreren gemeinsamen Gesprächen entschied sie sich letztlich, dem Baby im Rahmen einer vertraulichen Geburt das Leben zu schenken. Von Anfang an thematisierte ich die Problematik des doppelten Kinderschutzes, Nuria war gefährdet, aber auch das Baby in ihrem Bauch. In dieser kritischen Situation hatte ich sehr viel Verantwortung mitzutragen. Das sprach ich immer wieder offen an, reflektierte es auch in der Supervision und in kollegialen Beratungen. Jegliche Schritte fanden in enger Abstimmung mit Vormund, RSD sowie dem zuständigen Koordinator statt. Sie waren immer informiert über den aktuellen Stand. Ich begleitete Nuria und unterstützte sie in dieser Zeit sehr intensiv. Ich organisierte alle dafür notwendigen bürokratischen und medizinischen Kontakte und begleitete sie zu allen Terminen. Für die Bewältigung dieser Aufgabe konnte ich ein gutes Netzwerk schaffen, was für mich auch die Voraussetzung dafür war, die Risiken mit einzugehen. Die jeweiligen Mitarbeiterinnen im sozialen und medizinischen Bereich (Gynäkologie) hatten allesamt eine sehr offene, respektvolle, unkomplizierte und unbürokratische Art. Weiterhin wurde der Kontakt zum erwähnten Träger für drogenkonsumierende Jugendliche gehalten, denn es war wichtig, dass es für Nuria Perspektiven gab für die Zeit nach der Entbindung.

Da das Jugendamt keinen Träger finden konnte, bei dem Nuria in dieser Situation unterkommen konnte, die Kinder-und Jugendpsychiatrie für sie nicht der richtige Ort war, Zufluchtswohnungen erst für Volljährige sind, eine Mutter-Kind-Einrichtung Nuria nicht aufnehmen wollte, es keine weitere Idee für ihren zwischenzeitlichen Verbleib gab, zog Nuria wiederum bei der

Mutter ein. Die Mutter nahm die Tatsache der Schwangerschaft gelassen und sah darin eine Möglichkeit für Nuria, dass sie Verantwortung erlernen könne, wenn sie sich um ihr Kind kümmere. Das teilte die Mutter Nuria immer wieder mit. Den von Nuria gewählten Weg einer vertraulichen Geburt schien sie auszublenden. Mitte Februar waren alle notwendigen bürokratischen Formalitäten rund um die vertrauliche Geburt geregelt. Nuria lebte mittlerweile bei einer Freundin aus alten Tagen, mit der sie gemeinsam in der schon mehrmals erwähnten Jugendhilfeeinrichtung gewohnt hatte. Die Wohnung der Mutter hatte sie endgültig nach einigen Wochen verlassen. Ohne zu fragen lieh sich Nuria Sachen der Mutter aus (Perücken, Kleidung, Schminke) und trug sie aus der Wohnung. Den finanziellen Wert der Sachen hat die Mutter dann ersetzt bekommen durch den Einbehalt eines Teils des Kindergeldes. Das teilte ich Nuria auch mit, die sich nur widerwillig damit einverstanden erklärte. Trotz mehrmaligen Bittens schaffte sie es nicht, nach ihrem zweiten Fernbleiben der mütterlichen Wohnung der Mutter den Wohnungsschlüssel zeitnah zurückzugeben. Das Thema der Unordnung und des Vermüllens war in der Ein-Raum-Wohnung ihrer Freundin kein Thema mehr. Hier hielt Nuria Ordnung und beteiligte sich an der täglichen Haushaltsführung.

Als Nuria nicht zu einem Schwangerschaftsvorsorgetermin kam, rief ich sie an. Ihren Äußerungen zufolge hatte sie womöglich einen vorzeitigen Blasensprung. Ich sagte, sie müsse die Ambulanz rufen, die sie ins Krankenhaus bringen werde. Aufgrund des anderen Einzugsgebietes wurde sie in ein anderes Krankenhaus gebracht als das für die vertrauliche Geburt vorgesehene. Aber auch das konnte geklärt werden und so empfing ich Nuria später im Kreißsaal. Die Geburt des Babys verlief problemlos. Nuria wollte (und konnte) das Baby nicht sehen.

Es war Nuria bis zuletzt möglich gewesen, die Schwangerschaft vor ihrem Freundeskreis zu verbergen. Sie beendete den Kontakt zu ihrem Freund, denn sie hatte ihm die Schwangerschaft verheimlicht, da sie keine gemeinsame Zukunft sah. Ich erfuhr, dass die Mutter ihres Freundes sie nicht als Partnerin ihres Sohnes akzeptierte. So sah Nuria sich in ihren Vorstellungen in der gleichen Situation, in der ihre Mutter damals mit ihr gewesen sein musste.

Kurze Zeit nach der Entbindung wurde der Einzug ins BEW beim bereits erwähnten Träger festgelegt. Nuria blühte zusehends auf. Da sie sich nun in einem psychotherapeutischem Setting mit ihren Erlebnissen und ihrem Verhältnis zu ihrer Mutter auseinandersetzen und dies bei der ihr bekannten

Therapeutin Frau W. tun wollte, organisierte ich die ersten Gespräche. Leider brach Nuria die Therapie schon nach kurzer Zeit ab, denn sie konnte/wollte nicht mit der Kritik der Therapeutin an ihrer Unpünktlichkeit umgehen. Ich unternahm noch einige Freizeitbeschäftigungen mit ihr, wir sahen uns u.a. die „Asylmonologe" im Heimathafen Neukölln an und machten ein gemeinsames Abschiedsgrillen mit den neuen Bezugsbetreuer*innen, denen ich all meine Informationen zu Nurias Hintergrund zur Verfügung stellte. Am 18. Geburtstag der Jugendlichen endete unsere Zusammenarbeit offiziell.

Die Mutter selbst hatte derweil einen kleinen Jungen zur Welt gebracht. Während sie sich über ihre Schwangerschaft nicht sehr glücklich gezeigt hatte, freute sie sich nun umso mehr über ihr Baby. Dieses Glück wünsche sie auch ihrer Tochter, wie sie meinte. Daher konnte die Mutter die Entscheidung ihrer Tochter, das Kind zur Adoption zu geben, nicht akzeptieren. Ich hatte eine längere kontroverse und auch emotionale Unterhaltung dazu mit ihr. Die Mutter blieb bei ihrer Meinung, Nuria hätte es wenigstens mit dem Kind versuchen sollen, z.B. in einer Mutter-Kind-Einrichtung. Sie empfand deren Entscheidung als egoistisch und war verwundert über diese Möglichkeit, die es in Deutschland gibt, denn so etwas gebe es in ihrem Herkunftsland nicht. Darauf sagte ich zu ihr, dass es dort zum einen nicht diese Art der Wahlmöglichkeiten für eine Frau gebe und zum anderen die Familie als Unterstützung mit dabei sei. Sie selbst habe kein Unterstützungsangebot gemacht. Außerdem sei es auch schwer vorstellbar, dass sich Nuria derzeit gewissenhaft um das Baby kümmern könne. Es sei doch wichtig zu sehen, dass Nuria ihm das Leben geschenkt habe, hätte sie es doch auch abtreiben können. Dass Nuria ein Kind entbunden hat, hatte die Mutter der kompletten Familie im Herkunftsland mitgeteilt aber auch ihrem Ex-Mann Herrn G. Auf meine Nachfrage, warum denn auch Herr G., meinte sie, dass er wissen solle, was alles Schlimmes mit Nuria passiert sei, weil sie damals ins Heim gekommen sei und er das unterstützt habe. In Folge dieses Gesprächs war die Mutter danach für mich nicht mehr telefonisch zu erreichen, denn sie hat meine Nummer blockiert. Es mussten aber noch Nurias Sachen abgeholt werden und so suchte ich die Mutter noch einmal zuhause auf, um einen Termin zur Abholung zu vereinbaren. In dem Gespräch erkannte ich, dass die Mutter auch mir nicht (mehr) vertrauen konnte. Ich traf die Mutter danach nur noch einmal, als ich mit dem Bezugsbetreuer des neuen Trägers, der sich kurz bei ihr vorstellte, noch eine Kiste mit Nurias Sachen abholte.

Im dargestellten Hilfezeitraum konsumierte Nuria weiterhin regelmäßig Cannabis. Bis zur Entbindung gab es alle 2 Wochen Termine für eine Urinkontrolle in der Kinder- und Jugendpsychiatrie, die Nuria mehr oder weniger zuverlässig wahrnahm. Diese Untersuchungen ergaben regelmäßigen Cannabiskonsum, den Nuria nicht abstritt. Die Umstände der Schwangerschaft brachten Nuria lediglich dazu, ihren Konsum zu reduzieren.

Mutter-Tochter-Beziehung

In unserer Zusammenarbeit kam es zu einer erneuten Kontaktanbahnung zwischen Mutter und Tochter, in deren Verlauf sich beide näher kennenlernten. Laut Aussage von Mutter und Nuria gab es sehr schöne gemeinsame Momente zwischendurch. Sie haben zum zweiten Mal miteinander Weihnachten gefeiert. Zur kleinen Schwester hatte Nuria in kurzer Zeit eine gute Beziehung aufgebaut und sie erinnerte schöne gemeinsame Erlebnisse mit ihr. In der mütterlichen Wohnung kapselte Nuria sich aber auch oft ab, blieb tagelang im Bett und beteiligte sich nicht am familiären Zusammenleben. Ihre Erzählungen sowie ihr gezeigtes Verhalten lassen den Schluss zu, dass sie von vielen verdrängten Erinnerungen überflutet wurde und viel trauerte. Zwischendurch hinterließ Nuria ihr Zimmer in einem vermüllten Zustand, zudem achtete sie nicht auf Strom- und Heizverbrauch. Dieses Verhalten erinnerte die Mutter immer wieder an alte Geschichten und sie sah sich in ihrer Annahme bestätigt, dass Nuria ihr etwas „Böses“ antun möchte. Die Verwahrlosung in kürzester Zeit war mir bekannt, was ich der Mutter immer wieder mitteilte. Die Mutter konnte ihre Ängste zwischendurch produktiv angehen. Denn nachdem sie zuerst das Zimmer in ihrer Wohnung mied, in dem Nuria untergekommen war, konnte sie nach einem gemeinsamen Betreten mit mir eigenständig für Ordnung sorgen und das Zimmer wieder wohnlich einrichten. Am Ende der Zusammenarbeit hatten sich Mutter und Tochter seit fast 6 Monaten nicht mehr gesehen. Ihren kleinen Bruder kennt Nuria noch nicht. Die Mutter lehnte am Ende der Zusammenarbeit einen weiteren Kontakt zu Nuria (vorerst) ab. Auf meine Frage zu einem möglichen Kontakt von Nuria zu ihren Geschwistern fragte sich die Mutter, warum Nuria ihre Geschwister sehen möchte, wenn sie zum einen selbst ihr Kind abgebe, und zum anderen sie, als Oma, kein Recht auf ihr Enkelkind habe.

Der Versuch des gemeinsamen Zusammenlebens ist auch vor dem Hintergrund einzuordnen, dass sich die Mutter im Zuge der Scheidung von Herrn G. erneut im Familiengericht sah wegen Klärung des Umgangs Nurias kleine Schwester betreffend, die nun die Hälfte der Zeit in der neuen Familie des Vaters leben sollte. Herr G. hatte sich länger noch um Nuria gekümmert, als die Mutter schon jeglichen Kontakt abblockte. Er hatte dies heimlich getan (warum auch immer?). Dadurch gab es ein großes Misstrauen auf Seiten der Mutter, während Nuria ständig ein schlechtes Gewissen ihrer Mutter gegenüber hatte. Weiterhin steht ein von der Mutter angenommener potentieller sexueller Missbrauch von Nuria durch Herrn G. für die Mutter bis heute im Raum. Für diese Vorwürfe, die die Mutter offen im Jugendamt artikuliert hatte, gab es in der damaligen Zeit keine Anzeichen. Nuria hat (bisher) keine Erinnerungen, die den Verdacht eines tatsächlichen sexuellen Missbrauchs wirklich erhärten würden. So wollte/konnte sie der Bitte ihrer Mutter auch nicht nachkommen, etwas Gegenteiliges zu behaupten. Ich selbst nahm Herrn G. als einen sehr unsicheren Mann wahr, der mir gegenüber nur Bruchstücke aus seinem früheren Leben mit der Mutter berichtet hatte und der Mutter gegenüber offensichtlich nicht ehrlich war. Insbesondere die Aussage von Herrn G., der das Scheitern seiner Beziehung zur Mutter laut ihrer Äußerung damit erklärte, es sei nur wegen Nuria, verschärfte das Misstrauen der Mutter immer wieder. In diesem Kontext war es mir mit meinen damaligen Mitteln in meiner Rolle nicht möglich, die Mutter im Hier und Jetzt zu halten. Ich respektierte den Abbruch des Kontaktes der Mutter zu mir.

Mutter und Tochter haben beide traumatisierende Erfahrungen gemacht, die sie prägen. Erlebnisse in ihren Biographien wiederholten sich scheinbar. Diese Erinnerungen und damit verbundene Gefühle schienen in der Wiederannäherung aktiviert zu werden. So gab es im dargestellten Hilfezeitraum nicht die Chance, ohne eine therapeutische Begleitung eine zuverlässige Mutter-Tochter-Beziehung aufzubauen.

Gegen Ende unserer Zusammenarbeit erklärte mir Nuria in einem Gespräch, dass sie froh über diese Kontaktanbahnung in unserer Zusammenarbeit mit ihrer Mutter und ihrem Versuch des erneuten Zusammenlebens sei. Sie meinte, dass sie nun ganz sicher wisse, dass sie „keine Schuld" habe an der gestörten Beziehung zu ihrer Mutter. Sie möchte nicht so leben wie diese.

Nuria – weiterer Verlauf (2 ½ Jahre später)

Nach diesen intensiven Monaten hatte ich nach der Beendigung der Zusammenarbeit auch ein Gefühl der Erleichterung. Ich war froh und dankbar, dass Nuria die Herausforderungen in den letzten Monaten hatte annehmen können. Das Baby wächst hoffentlich bei guten Adoptiveltern auf. Nun konnte ich die Verantwortung an Nuria und ihre neuen Bezugsbetreuer*innen abgeben.

Nachdem Nuria im neuen BEW unterkam, steigerte sie trotz vieler Vorsätze und Pläne ihren Cannabiskonsum erneut. Sie verwickelte sich in eine kurze sehr destruktive Beziehung mit einem suchtkranken jungen Mann, der aus dem Nachbarland ihres Herkunftslandes stammt. Ihren Plan, einen Schulabschluss zu erreichen, verfolgte sie nicht konsequent. Ein Jahr später war sie erneut schwanger, das war von ihr und ihrem neuen Freund gewünscht. Aufgrund der Schwangerschaft konnte sie nicht mehr länger bei dem Träger wohnen bleiben. Ich begleitete sie zum Drogennotdienst. Die Anfrage des Jugendamtes, ob ich erneut für eine ambulante Hilfe bereitstünde, lehnte ich ab. Zuvor erläuterte ich Nuria in einem Gespräch meine Beweggründe (nicht nur mangelnde Kapazitäten), die sie verstand. Monate später fand ich einen Zettel von Nuria an meiner Haustür mit ihrer neuen Wohnadresse in einer Wohngruppe einer Mutter-Kind-Einrichtung, die sie sich selbst gesucht hat. Hier besuchte ich sie und ihr neugeborenes Baby. Der Vater des Babys verbüßte seit einigen Monaten eine Haftstrafe. Heute lebt Nuria alleine mit ihrem Kind in einer eigenen BEW-Wohnung eines anderen Mutter-Kind-Trägers. Sie steht mit beiden Füßen im Leben. Ihr Kind bezeichnet sie als das „Beste, was ihr passieren konnte". Sie füllt ihre Mutter-Rolle mit großer Freude aus und möchte für ihr Kind vollständig da sein und verantwortlich sein können. Sie scheint gewachsen an ihren Erlebnissen; ihre Selbstheilungskräfte konnte sie aktivieren. Mit großer Freude praktiziert sie wieder ihre alten „Leidenschaften" wie Malen und kreativen Tanz. Der Vater des Babys ist in einem psychiatrischen Krankenhaus des Maßregelvollzugs untergebracht. Er solle sich erst einmal um sich selbst kümmern, wie sie meint. Mit seiner Mutter (der Oma ihres gemeinsamen Kindes) und Teilen seiner Herkunftsfamilie hat Nuria Kontakt. Weiterhin beschäftigen sie Fragen bezüglich ihrer Mutter, die von ihrem jetzigen Kind wisse. Die beschriebene Kontaktanbahnung zur Mutter bereut sie nicht. Diese war ein wichtiger Meilenstein für ihre Identitätsbildung. Sie stellt sich die Frage, was sie machen würde, wenn ihre Mutter

Kontakt haben möchte. Wie wird sie sich dann verhalten? Was sagt sie ihrem Kind, wenn es größer wird? Ich bin sicher, sie wird auf ihre Fragen Antworten finden und ihren Weg weitergehen.

Fazit

Im abschließenden Fazit möchte ich meine Reflektionen zur Zusammenarbeit vor dem Hintergrund der Herausforderungen der geschilderten Situation zusammenfassen. Besonders wichtig erscheint mir die Bedeutung eines stabilen professionellen Beziehungsangebots.

Vor allem im zweiten, ausführlicher beschriebenen, Zeitraum der Zusammenarbeit stellte ich mir immer wieder die Frage nach den Grenzen der pädagogischen Mittel in der ambulanten Arbeit. Wieviel Verantwortung soll, kann und darf ich in solch einem Setting vor dem Hintergrund des doppelten Kinderschutzes übernehmen? Es gab keine Einrichtung, in der Nuria in dieser Situation unterkommen konnte. Als Fachkraft sah ich es als meine Verantwortung, die Situation auszuhalten. Wenigstens konnte ich eine Übergabe an einen neuen Träger und somit neue Fachkräfte im Anschluss an die Entbindung in die Wege leiten. Diese Perspektive für Nuria schien mir von essentieller Bedeutung. Der Wert einer zuverlässigen Bindungsperson für die Jugendliche wurde zwar gesehen, deshalb gab es ja über einen längeren Zeitraum eine Doppelfinanzierung. Gemessen an dem zeitlichen Bedarf schienen die mir bewilligten Stunden über die meiste Zeit allzu knapp. Ich erlebte hier zudem, dass die Struktur in der Jugendhilfe viel Raum für Hilflosigkeit und (Selbst)-Ausbeutung einer Fachkraft lässt. Vor dem Hintergrund der Verantwortung, die ich übernahm, ist - das wird mir in der Rückschau deutlich - das ambulante nicht-therapeutische Setting mit einer einzelnen zuständigen Fachkraft für solch eine Situation nicht angemessen. Hier werden die Stunden einzeln nach einem bewilligten Kontingent bezahlt. Wie oft habe ich lange Fahrtwege in Kauf genommen und an zugigen Ecken auf die Jugendliche gewartet, was letztlich nicht in der finanzierten Stundenzahl vorgesehen war. Meine ständige Verfügbarkeit war notwendig.

Während der Zusammenarbeit lernte ich über eine Fortbildung die Traumapädagogik kennen. Hier fand ich wichtige Erklärungsmuster, die mir bei meinen Beobachtungen und Fragen hilfreich wurden. Es geht um Verhaltensweisen von Menschen vor dem Hintergrund ihrer Erlebnisse und Erfahrungen und um die Bedeutung des „Konzepts des guten Grundes". Notwendig in der Arbeit mit Jugendlichen, die hoch belastende Lebenserfahrungen machen mussten, ist eine spezifische wertschätzende Haltung, in deren Mittelpunkt die Annahme eines „Guten Grundes" steht. Dieser besagt, dass jedes Verhalten von Menschen den inneren Notlagen, Bedürfnissen und Wünschen entspringt. Die Traumapädagogik zielt daher auf die Gestaltung von „Sicheren Orten" für schwer belastete junge Menschen. Diese „Sicheren Orte" lassen sich vor allem über haltende und zuverlässige Beziehungsangebote beschreiben. Dadurch können sie neue, korrigierende Lebenserfahrungen machen in der Entwicklung ihrer Identität.

Ich vermisste schmerzlich in den Jahren der Zusammenarbeit ein funktionierendes (trauma)-therapeutisches Netzwerk. Wie sollten Mutter und Tochter in dieser komplexen Geschichte zusammenfinden? Scheiterte die Kontaktanbahnung auch deshalb, weil meine Doppelrolle einerseits mit der Jugendlichen und andererseits mit der Mutter eigentlich nicht möglich war? Wie wäre es verlaufen, wenn die Mutter nicht gleichzeitig mit Umgangsstreitigkeiten Nurias kleine Schwester betreffend konfrontiert gewesen wäre? Was wäre gewesen, wenn Mutter und Tochter nicht zur selben Zeit schwanger gewesen wären? In regelmäßigen Supervisionen (einzeln und im Team) reflektierte ich durchgehend meine Arbeit. Bei genauerer Betrachtung meiner eigenen Gefühle war mir klar, dass ein Teil meiner Aufregung damit zusammenhing, dass ich Nuria einerseits beschützen wollte und andererseits immer wieder frustriert von der Lage/Situation war. In Gesprächen/Reflektionen mit anderen Fachkräften sah ich, dass das Wissen rund um (Bindungs)-Traumatisierung erstaunlich gering ist. In der aktuellen Fachdiskussion scheint es, dass die besondere Bedeutung der Traumapädagogik und der Traumatherapie wieder mehr ins Bewusstsein der Mitarbeiter*innen im sozialen und therapeutischen Bereich kommt. Die Fragen danach, was traumatisierende Erfahrungen mit der Psyche machen und wie sie sich in Beziehungen zu Mitmenschen zeigen, benötigen mehr Anerkennung und auch neuer Konzepte in der Hilfe für betroffene Menschen.

Damit sich Nuria den Herausforderungen im zuletzt geschilderten intensiven Hilfezeitraum stellen konnte, war deshalb ein gutes Netzwerk mit freundlichen und interessierten Menschen unabdingbar. Daran wirkten die zuständigen medizinischen (Gynäkologie) und sozialen Fachkräfte mit, die allesamt eine wertschätzende Haltung der Jugendlichen entgegen brachten und ihr sprunghaftes Verhalten mitgetragen haben. So konnten wir gemeinsam der Jugendlichen ein Gefühl von Sicherheit vermitteln, damit sie die Herausforderungen rund um die vertrauliche Geburt annehmen konnte. In dieser Zeit gab es zudem einen intensiven Austausch mit der zuständigen Sozialarbeiterin im Jugendamt sowie mit dem Vormund, deren Interesse und Mitwirkung von besonderer Bedeutung waren. Durch diese gute Zusammenarbeit hatte ich für einige Zeit die Verantwortung teilen können.

Nurias Unzuverlässigkeit und ihr immer wieder ambivalentes Verhalten stellten eine große Herausforderung für mich dar. Mein offenkundiges Interesse an ihrer individuellen Lebensrealität, mein Durchhaltevermögen, meine Flexibilität und mein Wohlwollen waren notwendige Voraussetzungen für eine gelingende Zusammenarbeit. In meinem (unkonventionellen) Vorgehen beim Aufbau des Kontaktes mit ihrer Mutter war es mir wichtig, deren Selbstdeutungen und Problembewältigungsversuche zu verstehen. Die Handlungsweisen der Mutter sind auch vor dem Hintergrund ihres Aufeinandertreffens mit der Macht der deutschen (*weißen*) Institutionen (wie z.B. Jugendamt oder Familiengericht) zu deuten. Das bürokratische Vorgehen in deutschen Institutionen bedeutet für viele Menschen Gewalt. Das Reflektieren der eigenen Rolle und Identität in der Gesellschaft ist ein zentraler Punkt in der Arbeit mit anderen Menschen. Als Mitglied der deutschen (*weißen*) Mehrheitsgesellschaft ist eine Auseinandersetzung mit Rassismus und Fragen zu Weiß-Sein zentral für mich, um eine emphatische und mitfühlende Haltung in der interkulturellen Arbeit mit Menschen zu erlangen.

Nuria steht heute im Leben. Sie bestimmt ihren eigenen Weg, der anders ist, als immer wieder von außen (Hilfesystem) gedacht. Das ist mehr als schön zu sehen! Ich bin froh und dankbar für die in diesem Artikel dargestellten Erfahrungen, die ich im Rahmen der Arbeit im ambulanten Bereich der Jugendhilfe machen konnte. Die notwendige Haltung, dass jedes Verhalten seinen „guten Grund" hat, ein Verständnis der Auswirkungen auf die Psyche durch mögliche traumatisierende Erlebnisse und somit auf menschliches Verhalten, bei gleichzeitiger Annahme, jemandem etwas zutrauen zu wollen - diese elementaren Lernerfahrungen kommen für mich in der dargestellten Fallarbeit zur Geltung.

Natürlich habe ich in der dargestellten Fallarbeit Grenzen überschritten, u.a. als ich die Jugendliche bei mir übernachten ließ (s.o.). Ich habe es getan, weil die Jugendliche an diesem Tag besondere physische Sicherheit brauchte, und ich sonst wieder ein längeres Stocken im Arbeitsprozess befürchtet hätte, für das mir nicht die Zeit zu sein schien. Ist solch ein Handeln professionell oder nicht? So möchte ich am Schluss des Artikels eine Aussage dazu von Ch.Hoyer aus seiner Abschlussarbeit zur Fachkraft in der Kinder-und Jugendpsychiatrie, in der er die gemeinsame traumapädagogische und traumatherapeutische Zusammenarbeit im stationären Kontext beschreibt, zitieren: „Die professionelle Nähe ist eine Grundhaltung, die den Kindern einen sicheren Ort in Form einer Beziehung zu einer pädagogischen Mitarbeiter*in bietet. „Professionell" bedeutet hierbei, dass keine eigenen Bedürfnisse in der Beziehung zum Kind eine Rolle spielen dürfen. Die Bedürfnisse des Kindes stehen im Mittelpunkt. Um diese Bedürfnisse zu erkennen, braucht es eine Beziehungsnähe zum Kind, die natürlich die eigene Selbstfürsorge und Selbstschutzstrategie nicht ausschließt. Die häufig betonte „notwendige" professionelle Distanz entwertet die Bedeutung der Beziehung zum Kind. Die Traumapädagogik strebt Nähe an statt Distanz."[12]

Weil Nuria und ich weiterhin sporadisch im Kontakt sind, und ich so an ihrer weiteren Entwicklung teilhabe, war es für mich leichter - vielleicht auch nur möglich - den Artikel zu schreiben. Denn ich weiß, dass Nuria sich zu helfen weiß.

* * *

12 https://www.bag-ped.de/sites/default/files/dateien/facharbeit_christian_hoyer_2014.pdf, S.25.

Erfahrungsräume für Mädchen

Soziale Gruppenarbeit aus der Sicht einer Gruppenpädagogin

Ulrike Hahn McKnight

Ausgangsbasis des vorliegenden Beitrags sind langjährige praktische Erfahrungen in der Sozialen Gruppenarbeit (SGA), insbesondere unserer Interkulturellen Mädchengruppe. Ich erlebe SGA - im Folgenden gehe ich exemplarisch auf unsere Interkulturelle Mädchengruppe für die 8-12jährigen ein[1] - immer wieder als soziale Ressource für die Teilnehmerinnen.

Die Teilnahme an der Gruppe führte in den meisten Hilfen, die wir durchgeführt haben, zur Stärkung des Selbstwertgefühls und des Selbstbewusstseins sowie der psychischen Widerstandskraft der Teilnehmerinnen. Darüber hinaus erwarben die Teilnehmerinnen soziale Kompetenzen.

Hier möchte ich darüber berichten, welche Ansätze der präventiven Arbeit sich aus meiner Sicht als hilfreich erwiesen haben.

Die Interkulturelle Mädchengruppe ist zu allererst ein geschützter Raum für ihre Teilnehmerinnen. Sie entstand 2001 aus einer Lern- und Spielgruppe für benachteiligte Mädchen heraus; diese Lern- und Spielgruppe wiederum existierte bereits vor 1997 und war zunächst in einer offenen Kinder- und Jugendfreizeiteinrichtung angebunden.

Schon zum damaligen Zeitpunkt war die Gruppe jedoch als geschlossene Gruppe nur für Mädchen konzipiert.

1 Es gibt auch eine weitere Gruppe für 13-16 jährige Mädchen / Jugendliche bei LebensWelt.

Seither hat zwar eine Sensibilisierung für Genderthemen in der Gesellschaft und in Fachkreisen stattgefunden, aber am Bedarf vieler Mädchen, die in Neukölln und Kreuzberg leben, hat sich nichts Gravierendes verändert. Noch immer ist (auch) ein geschützter Raum für Mädchen notwendig, damit diese soziale Kompetenzen frei von Konkurrenz, Beobachtung und Leistungsdruck durch Jungen erwerben können. Wir tragen mit unserer Arbeit zur Stärkung der Mädchen und Frauen auch für zukünftige Generationen etwas bei. Die Mädchen werden in den meisten Fällen später selbst Mütter sein. Je mehr sie gefördert werden, je besser sie sich im Sozialraum orientieren können, je mehr Kompetenzen sie sich durch Erfahrungen erwerben können, desto besser können sie letztendlich einen selbstbestimmten Lebensweg finden. Da-Sein, Kind sein können in einem Raum, der ihnen „gehört", ist eine unabdingbare Voraussetzung für ein vertrauensvolles Miteinander. Der eigene Raum ist die Basis der Gruppe und der Schutz jedes einzelnen Mädchens. Aber auch für viele Eltern ist der Schutz der geschlossenen Gruppe wichtig, sei es in der Sozialisation begründet oder auch aus religiösen Gründen, die in manchen Familien eine große Bedeutung haben.

In unserer Mädchengruppe begegnen sich Mädchen von 8 – 12 Jahren unterschiedlichster Herkunft, die zugleich heterogene Voraussetzungen und Vorerfahrungen mitbringen. Daraus ergibt sich der Umgang mit Vielfalt und Unterschiedlichkeit. Meiner Meinung nach beginnt die interkulturelle Arbeit in diesem Feld mit einer Willkommenskultur, die nach Gemeinsamkeiten sucht und verbindet. Jedes Mädchen ist etwas Besonderes, was seine Herkunft, seine Familie, seine Lebensumstände, seine Fähigkeiten, aber auch seine Schwierigkeiten betrifft.

Die Voraussetzung für die Teilnahme eines Mädchens an der SGA ist, dass die Eltern dieser Hilfe zustimmen und das Mädchen auch Bereitschaft zeigt, die Gruppe zu besuchen bzw. offen für das Angebot ist. Jede Teilnehmerin hat einen individuellen Förder- und Unterstützungsbedarf, der im Hilfeplan, welcher unter Beteiligung des Jugendamtes, der Eltern, der Mädchen und der Gruppenfachkräfte erstellt wird, dargelegt wird.

Die Fragen, die sich bei jedem Hilfebeginn und während jeder Hilfe stellen, sind:

Wie gehen die individuellen Voraussetzungen und die sich daraus ergebenden Ziele des Hilfeplans jeder einzelnen Teilnehmerin zusammen mit den Zielen, Werten und Normen der Interkulturellen Mädchengruppe? Was braucht es, um zum Gelingen der Arbeit beizutragen? Und wie profitieren die Mädchen in der Gruppe voneinander?

Einerseits gibt es bestimmte strukturierte, standardisierte Bausteine und Methoden: Gruppen-, Einzel-, Eltern-, Netzwerk- und Umfeld-Arbeit; Rollenspiele, kreative Angebote, erlebnis- und freizeitpädagogische Angebote etc. Andererseits werden im Rahmen der Einzel- und Elterngespräche individuelle Aspekte bearbeitet und finden nur dann, wenn es sinnvoll und notwendig ist, auch im Gruppengeschehen ihren Raum.

Die multikulturelle Zusammensetzung der Gruppe erweist sich als gute Voraussetzung, um einen positiven, respektvollen und vorurteilsfreien Umgang miteinander zu üben. Dazu gehören einerseits das Erlernen von Kommunikationsregeln und Verhaltensnormen im Gruppenkontext, der konstruktive Umgang mit Kritik und die Entwicklung von Konfliktfähigkeit, die später dazu genutzt werden soll, eigene Konfliktlösungsstrategien zu entwickeln. Andererseits soll in der Gruppe Partizipation wirksam erlebt und ein Wir-Gefühl durch Gemeinsamkeiten entwickelt werden. Die Inhalte und Methoden müssen im Konkreten auf die individuellen Bedürfnisse der verschiedenen Teilnehmerinnen und auf die Bedürfnisse der Gruppe ausgerichtet werden. Die Hilfe findet also im Spannungsbogen von Gleichheit und Differenz statt. Das erfordert von den Gruppenleiterinnen ein hohes Maß an Flexibilität, Umsicht und Einfühlungsvermögen: Die Gruppe als Ganzes im Blick haben und dennoch das einzelne Mädchen nicht aus dem Blick zu verlieren.

Im vorliegenden Beitrag möchte ich aber nicht ausführlich auf die pädagogischen Standards und die Konzeption der Mädchengruppe eingehen, sondern eher anhand von einzelnen Situationen in der Gruppe vermitteln, wie die Gruppenarbeit wirkt.

Ich verwende gern das Sinnbild „Wundertüte", wenn ich von der Interkulturellen Mädchengruppe spreche. Die Wundertüte – von außen ist zunächst nicht sichtbar, welche Überraschungen sie bereithält. Sicher ist nur, es sind 6 - 8 kleinere und manchmal auch schon größere Überraschungen. Die kleinen Persönlichkeiten, die mir begegnen, sind anfangs oft rätselhaft, sehr verschieden und meist sehr empfindlich. Manchmal sind sie laut und manchmal leise, manchmal traurig und manchmal froh und in jedem Jahr anders. Da die Teilnehmerinnen immer nur eine Zeitlang die Gruppe besuchen können[2],

2 In der Regel wird die Teilnahme für 1,5 bis 2 Jahre bewilligt.

ist es wichtig, sich auf anderes, Neues und immer wieder auf Veränderungen einstellen zu können. Wenn ich umsichtig mit den „Überraschungen" umgehe, beginnen sie, in der Wundertüte zu wachsen. Sie werden größer, mutiger, stolzer, oft auch frecher und lauter. In jedem Fall beginnen sie, sich spätestens nach sechs Monaten wohlzufühlen. Denn in der Wundertüte ist es ganz schön eng, aber auch kuschelig. Da kommt man sich näher, lernt sich kennen und schätzen. Die „Überraschungen" lernen, miteinander klarzukommen und sich gegenseitig zu helfen, wenn man sich irgendwo verhakt hat. In der Wundertüte können sie aber auch ihre Talente entdecken. Denn es gibt viel auszuprobieren. Von manch einer kleinen „Trillerpfeife" dachten am Anfang alle, dass diese nur laut und schrill sein könne. Und dann stellte sich heraus, dass sie nach vielen Übungen sogar kleine, leise Melodien trillern kann. Dann werden nicht nur in der Wundertüte Glücksmomente spürbar. Meist nach eineinhalb oder zwei Jahren ist es wieder Zeit für eine Veränderung. Dann gehen die „Überraschungen" hinaus in die Welt, um auszuprobieren, was sie in der Wundertüte gelernt haben. Das ist dann ein ganz besonderer Moment, angefüllt mit Traurigkeit über den Abschied, aber auch mit Neugier und Stolz, die Wundertüte nicht mehr als Schutz zu brauchen. Und gelegentlich blicken die „Überraschungen" zurück in die Vergangenheit und entdecken auf den Fotos aus der Zeit in der Wundertüte selbst eine Überraschung: „Das bin ja ich!"

Ich bin immer wieder aufs Neue erstaunt, was passiert, wenn ein Mädchen neu in der Gruppe ankommt. Von Seiten der Gruppe meist Freude, Neugier auf die „Neue", wie sie wohl sein wird, ob sie zur Gruppe passt, ob sie sympathisch ist, wie sie aussieht. Von Seiten der neuen Teilnehmerin her oft Scheu, Unsicherheit, Skepsis, oft auch Ablehnung gegenüber allem Neuen, aus Angst vor dem Unbekannten. Dann beginnt die Annäherung, das gegenseitige „Sich-beschnuppern" und nach etwa fünf, sechs Monaten werden bei der neuen Teilnehmerin erste Veränderungen erkennbar. Es ist oft verblüffend, was passiert, wenn ein Mädchen beginnt, sich in der Gruppe wohl zu fühlen, wenn es sich angenommen und verstanden erlebt so, wie es ist. Wenn dieses Mädchen ihren sicheren Platz in der Gruppe findet, dann regelmäßig auf Gleichaltrige trifft, Gemeinsamkeiten entdeckt, Vertrauen fasst und beginnt, Neues zu entdecken, dann wird dies spürbar für alle unmittelbar am Hilfeprozess Beteiligten.

Ich will nichts beschönigen und kann auch nicht von Erfolg auf der ganzen Linie sprechen. In Fällen der Kindeswohlgefährdung und des Kindesschutzes, aber auch wenn sich ein anderer Bedarf herauskristallisiert, das Mädchen z.B. eher eine (psycho-) therapeutische Unterstützung braucht, ist die Interkulturelle Mädchengruppe manchmal nicht die passende Hilfe. Der überwiegende Teil der Hilfen verläuft jedoch – manchmal sogar noch zu unserem Erstaunen – positiv. Oftmals ist ein „Nachhall" noch Jahre später spürbar, wenn ehemalige Teilnehmerinnen „auf Besuch" kommen und von ihren Erfolgen berichten – sie haben das Abitur geschafft, eine Ausbildung abgeschlossen oder eine Familie gegründet und treffen eigene Entscheidungen. Bei vielen dieser Mädchen wäre das zu Beginn der Hilfe nicht denkbar gewesen. Im Gruppenalltag erleben wir oft kleine Wunder, so zum Beispiel bei Hella[3].

Erfahrungen mit Inklusion – Hella

Hella kam vor zwei Jahren zu uns in die Gruppe, nachdem die Familienhelferin sich beim Jugendamt für sie eingesetzt hatte. Sie brauchte dringend etwas Eigenes, eine Gruppe außerhalb von Familie und Schule, die ihr Kontakt zu Gleichaltrigen ermöglicht. In der Familie gibt es außer ihr noch vier weitere Kinder, zu ihrer ein Jahr jüngeren Schwester hat Hella ein stark konkurrierendes Verhältnis, das bei ihr nicht selten zu massiven Frustrationen führt. Hella ist geistig behindert und hat zudem körperliche Einschränkungen. Die Aufnahme in die Mädchengruppe war zunächst ganz unkompliziert, das Jugendamt hatte die Hilfe bewilligt, die Eltern hatten dem zugestimmt und in der Gruppe war ein Platz frei. Seit 2001 war dies das erste Mal, dass ein Mädchen mit kognitiven Einschränkungen aus dem Förderbereich „geistige Entwicklung" aufgenommen wurde. Über die Jahre haben wir immer wieder auch Kinder mit sonderpädagogischen Förderbedarfen (Förderschwerpunkte Lernen, emotional-soziale Entwicklung und Sprache) in der Gruppe gehabt, daher schien es uns nur ein kleiner Schritt von der Integration zur Inklusion zu sein....

Der erste Nachmittag mit Hella in der Gruppe verlief unruhig. Hella wusste nicht wohin mit sich, mit all den anderen fremden Mädchen, deren Namen sie noch nicht einmal aussprechen konnte. Sie war überfordert, wollte allein sein, lieber allein spielen, statt mit allen anderen zusammen malen. Alles war ihr fremd, und sie war sehr allein, trotz der vielen Mädchen um sie herum.

3 Der Name wurde geändert.

Die Mädchen waren verunsichert. Hella war doch schon so groß, warum konnte sie nicht sprechen? Oder wollte sie nur nicht und konnte sie alle nicht leiden? Hinter vorgehaltener Hand hörte ich sie dann beim Teetrinken tuscheln: „Ist die etwa geistig behindert?“ Enttäuschung schwang da mit. Sie hatten sich doch alle so auf die neue Teilnehmerin gefreut, eine „Große“, schon 12 Jahre alt. Die würde ihnen sicher zeigen können, wie man manches besser macht. Aber Hella?!

Für mich war es ebenso schwierig, ich kannte Hella ja selbst nicht. Konnte nicht einschätzen, was sie kann oder was sie nicht kann und konnte nicht ahnen, was sie in der Gruppe lernen könnte und wo es einfach Grenzen gab. Ich fühlte mich unvorbereitet und wenig gewappnet. Willkommen in der Praxis des Themas Inklusion!

Also haben meine Kollegin und ich sowie die Mädchen uns herangetastet - und zwar alle und von allen Seiten. Zunächst erfolgte ein offenes Gespräch mit Hella und der Gruppe. „Ja, Hella hat eine Behinderung, sie besucht ein Förderzentrum mit dem Schwerpunkt ´geistige Entwicklung`.

Wer hat schon einmal davon gehört, dass es solche Zentren gibt?“

Plötzlich wurden alle ganz munter: „Ich habe eine Tante, die auch dort zur Schule ging!“ meldete sich ein Mädchen. Eine weitere Teilnehmerin hatte einen Cousin, der auch eine Behinderung hatte. Und am Ende kannte jedes Mädchen jemanden in der eigenen Familie, in der Nachbarschaft oder bei Freunden, der eine Behinderung hatte. Also, ist doch gar nicht so schwer, die ersten Gemeinsamkeiten zu finden!

Mit Hella gab es ein vertrauliches Gespräch: „Wir machen dir einen Vorschlag. Du machst das mit, was dir Spaß macht. Aber du bist immer dabei, denn du gehörst jetzt zur Mädchengruppe dazu. Wenn du eine Pause brauchst, dann mache eine Pause. Und das Wichtigste: du probierst alles aus, auch was du vielleicht noch nie gemacht hast. Wenn es nicht funktioniert, ist es gar nicht schlimm. Wir sind alle hier, um zu lernen. Aber dann hast du es versucht und das zählt! Wollen wir das ausprobieren? Abgemacht?“ - „Abgemacht!“ Hella hat sich bis heute daran gehalten. Sie probiert alles aus und hat auf diese Weise so viel Neues gelernt. Wie man ein Schmuckkästchen bemalt, Schlittschuh fährt, Federball spielt, eine Waldhütte baut, eine Kletterseilausrüstung anlegt, eine Kartoffel schält und einen Salat zubereitet … dass die Monster im Kino nicht echt sind und man für den Schrank im Schwimmbad einen Chip braucht … dass auch die lauten Mädchen eigentlich ganz nett sind, wenn man sie besser kennt und dass es manchmal hilft, ganz laut „Nein, hör auf damit!“ zu rufen.

Im Gruppenalltag stellte sich dann schnell heraus, dass Hella in vielen alltagspraktischen Dingen sehr fit war. Fast alle Mädchen konnten von ihr lernen: „Eine echte Schleife am Schuh binden?“ – „Hella kann das, geh mal hin, sie hilft dir bestimmt!“ – „Wo gehören die Bücher hin und wo finde ich die Wassergläser zum Malen?“ – „Frag mal Hella, sie kennt sich hier aus!“ Und fast unmerklich vollzog sich ein Wandel in der Gruppe. Hella brauchte immer weniger eine „Auszeit“, stattdessen rief sie jetzt: „zu laut!“. Das war das Signal für alle, dass es die Mädchen mal wieder mit der Lautstärke übertrieben hatten. Ab und zu war auch für Hella kein Durchkommen mehr. Dann musste unser 15 cm großes, gemaltes Ohr her. Das hieß dann: definitiv zu laut! Inzwischen setzt das Ohr Staub an und Hella ist immer mitten drin in der Gruppe. Wenn sie eine Auszeit braucht, so ist das meist, wenn sie von der Schule kommt. Denn dort ist es noch immer jeden Tag zu laut. In der Gruppe ist Hella längst angekommen und gehört einfach dazu. Das dies so selbstverständlich ist, scheint keine große Sache und war doch ein großer Lernprozess für alle.

Lernen am Modell und Interkulturelles Verständnis – Zohra

Zohra[4] kam zu uns als 9-jähriges Mädchen mit libanesischem familiärem Hintergrund. Sie trug von Beginn der Hilfe an ein Kopftuch. Obwohl ihre Mutter schon lange in Deutschland lebt, verfügt sie über geringe Deutschkenntnisse, die sie nur hin und wieder anwendet. Zu selten sind Kontakte zu anderen deutschsprachigen Menschen und entsprechend groß war ihre Scheu, diese Sprache zu benutzen. Zohras Mutter und der neue Stiefvater schienen sehr bemüht und dankbar für die Hilfe, denn sie brauchten dringend Unterstützung. Bedingt durch Trennungen und Scheidung lebte die Mutter eine Zeitlang allein mit drei Kindern und war damit überfordert. Zohra hatte sich während dieser unruhigen Zeit zu einem äußerst schlagfertigen und selbständigen Mädchen entwickelt. Sie traf ihre Entscheidungen für sich selbst, ohne Ängste, ohne Zögern und ohne ihre Mutter zu fragen. Und die Mutter konnte ja nicht wissen, was Zohra auf Deutsch sagte. Für Zohra war das wunderbar,

4 Der Name wurde geändert.

sie wusste ohnehin, wie alles besser ging. Entsprechend sauer wurde sie, wenn ihr jemand erzählen wollte, dass es Grenzen und Regeln gab – erst recht in der Mädchengruppe. Das war doch ihre freie Zeit! Es reichte ja wohl, dass sie ständig in der Schule machen musste, was die Erwachsenen sagten. Und dort schaffte sie es ja schon nicht, sich auf die Zunge zu beißen. Kurz, Zohra wusste selbst, was für sie am besten war und unbeliebte Erwachsene (und Kinder sowieso) wurden schon mal beschimpft, wenn es nicht nach ihren Vorgaben ging. Trotzdem kam Zohra gern zur Gruppe, denn dort fragte niemand, warum sie schon ein Kopftuch trug. Es gab Platz genug, niemand störte und man konnte alles Mögliche ausprobieren. Und im Übrigen war immer jemand da zum Spielen, Lachen und Blödsinn machen. Das Einzige, was gar nicht ging, war die Tatsache, dass die Gruppenleiterinnen (und die Lehrer, die Hortnerin und die Mutter) wollten, dass sie von nun an dort regelmäßig und selbständig vor der Gruppe ihre Hausaufgaben machen sollte. Da wohnten auf einmal zwei Seelen in ihrer Brust: Hingehen oder nicht? Zohra entschied sich für Hingehen, hatte dann aber während der Hausaufgabenzeit so viel zu erzählen, dass die Zeit plötzlich um war und die Gruppenzeit begann. Das gelang leider nur eine kurze Zeit, dann hieß es von den Gruppenleiterinnen: "Erzähle uns das später, wenn du mit den Hausaufgaben fertig bist!" Dann musste sie eben das Hausaufgabenheft vergessen, oder die Bücher, oder die Hefte, oder am besten alles zusammen. Aber leider hatten sich die Erwachsenen zu ihrem Wohle miteinander abgesprochen. Es gab einen Deal: entweder sie durfte früher von der Schule gehen, um pünktlich in der Gruppe die Hausaufgabenzeit zu nutzen, oder sie musste wie alle in der Schule bleiben, um ihre Hausaufgaben dort zu erledigen. „Na, dann schon lieber die Hausaufgabenzeit in der Mädchengruppe." Alle wussten Bescheid und erinnerten Zohra an ihre Bücher, die Hefte und überhaupt die ganzen Hausaufgaben. Widerwillig ließ sie sich darauf ein, es zu versuchen, tatsächlich allein ihre Hausaufgaben zu machen. Es war schwierig für sie, sich so lange zu konzentrieren, wo sie sich doch eigentlich schon längst etwas für die Gruppenzeit ausgedacht hatte! Zohra war ziemlich frustriert und ungeduldig. Aber mit Hilfe und Unterstützung ging es, denn es gab einige Mädchen in der Gruppe, die waren schon älter als sie und kannten das „Problem". Sie waren ja ebenso wie Zohra zur Hausaufgabenzeit da und erledigten ihre Aufgaben. Manche kamen sogar freiwillig, um zu lesen oder für ein Referat im Internet zu recherchieren. Das war neu und wirklich seltsam für Zohra.

Aber sie kam wieder. Woche für Woche war sie da, um ihre Hausaufgaben zu machen. Schon nach der ersten Woche kam sie stolz, um von dem Lob zu erzählen, das sie von ihrem Klassenlehrer erhalten hatte. Zohra konnte in ihrem eigenen Tempo arbeiten und so viele Hausaufgaben machen, wie sie schaffte. Wichtig war nur, dass sie etwas tat. Und dann kamen die ersten guten Zensuren, denn sie hatte wirklich richtig vor der Klassenarbeit geübt. Das fühlte sich so gut an! Endlich gab es etwas, was sie ihrer Mutter unbedingt erzählen wollte. Es kam nur noch manchmal vor, dass sie schummelte und sagte: „Ich habe alles erledigt." Sie merkte aber bald, dass das Schummeln nicht lange trug, denn es gab ja regelmäßig „diese Elterngespräche mit den Gruppenleiterinnen". Es gelang zunehmend, die Mutter zu aktivieren, so dass sie auch in der Schule immer dabei und informiert war. Hinzu kam, dass es auch eine Dolmetscherin gab, die alles übersetzen konnte. Nun kam jede Geschichte, die Zohra uns erzählte, auf den Prüfstand. Die Gespräche hatten für Zohra auch etwas Gutes. Sie merkte, dass ihre Mutter sie nicht mehr zweifelnd ansah, wenn sie von einem Erfolg berichtete. Selbst wenn die Mutter noch nicht ausreichend Deutsch sprechen und verstehen konnte, wusste sie mehr von Zohra und den vielen Aufgaben, die sie hatte. Mit der Zeit ging Zohra sogar gern mit in die Bibliothek. Das Lesen forderte sie immer noch heraus; es dauerte ihr noch immer zu lange, dafür hatte sie nicht die Geduld, aber sie stellte fest, dass sie die Bücher auch einfach nur anschauen konnte – anschauen und träumen.

Dann kam eine Phase, in der Zohra andere Sorgen und Fragen hatte; über diese Fragen konnte sie nur andeutungsweise mit den anderen Mädchen reden. Wie das denn so ist mit dem Verliebtsein. Und dann fand sie in der Bibliothek genau dieses Buch: „Anna, 13, (un)verliebt". Das war genau das, wonach Zohra gesucht hatte. Und plötzlich ging es mit dem Lesen wie von allein. Zohra bedauerte es sehr, dass ausgerechnet in dieser Zeit zwei Jahre um waren und sie Abschied von der Mädchengruppe nehmen musste. Sie malte sich aus, dass sie nun niemanden mehr hätte, mit dem sie darüber reden könnte und dass sie das Buch auch nicht zu Ende lesen könnte.

Die Abschiedsparty von der Gruppe war dennoch ein Riesenerfolg. Zohra bekam mit auf den Weg, dass sie einen Mädchentreff, den sie schon kennengelernt hatte, jederzeit besuchen könne. Außerdem hatte sie nun von fast allen Mädchen der Gruppe die Telefonnummer und bekam zum Abschied ein Buch aus dem Antiquariat geschenkt: „Anna, 13, (un)verliebt".

Gruppenkonflikt - Das Geheimnis

Geheimnisse sind bei den Mädchen oft ein Zauberwort, denn alles, was mit „geheim" beginnt, verspricht ein Abenteuer, etwas Spannendes, etwas ganz Besonderes zu sein, das man nur mit wenigen teilen mag. Und Geheimnisse können eine feine Sache sein, solange sie geheim bleiben. Deshalb folgt auf die Erzählung eines Geheimnisses ja auch zumeist die Beschwörungsformel: „Aber NIEMANDEM weitererzählen!!!" Aber was passiert, wenn die Freundin das Geheimnis beiläufig ausplaudert oder - noch schlimmer - bewusst verrät?

Sina[5] war noch recht neu in der Gruppe und fuhr dennoch mit zur Gruppenreise. Ihre Mutter sorgte sich sehr: das allererste Mal allein weg von zu Hause, ohne Mama und Papa - ob das wohl gut ging? Sina war ein Einzelkind, umsorgt und behütet. Auch Sina war sich unsicher. Einerseits freute sie sich auf die Gruppenreise, denn sie war mit 9 Jahren ja wohl schon groß genug, um allein mit der Mädchengruppe zu verreisen. Außerdem mochte sie ja die Mädchen auch ganz gern und mit Nora konnte sie sich sogar vorstellen, befreundet zu sein. Aber sie hatte auch Angst vor der Reise, denn zu Hause durfte sie immer bei Mama im Bett schlafen. Bisher war das immer ihr Geheimnis gewesen. Niemand wusste davon, denn irgendwie war es auch peinlich, sie war ja kein Baby mehr! Nun fürchtete sie, am Abend nicht einschlafen zu können und sich nicht in der Nacht an Mama kuscheln zu können. Gleich nach der Ankunft am Reiseziel zog Sina Nora ins Vertrauen und so erfuhr Nora von dem Geheimnis - mit dem magischen Zusatz: „Aber nicht weitersagen!"

Den restlichen Nachmittag war Sina in Gedanken versunken, hatte nicht so recht Lust, mit den anderen zu spielen und trottete beim Spazieren gehen im Wald langsam hinter der Gruppe her. Und so kam es natürlich, wie es kommen musste. Zunächst begannen Nora und Suzan hinter vorgehaltener Hand zu tuscheln und zu lachen. Es war schon lachhaft, was Nora da von Sina erfahren hatte. Dass es ein Geheimnis zwischen ihr und Sina war, hatte Nora schon längst vergessen. Und Suzan? Die hatte nach kurzer Zeit die ganze Gruppe informiert. Im Geheimen versteht sich! Eine schwierige Gruppendynamik setzte ein: Die Mädchen fingen an, über Sina zu sprechen. Verhielt sich Sina nicht komisch, seit sie hier waren? Bummelte immer hinterher, war immer in der Nähe der Gruppenleiterinnen und benahm sich überhaupt nicht cool!

5 Der Name wurde geändert.

Was nun folgte, war gar nicht gut. Mehrere Mädchen tauschten vielsagende Blicke untereinander aus, redeten über Sina und lachten sie aus. Sina schämte sich, denn es war ja klar, worum es hier ging. Und sie ärgerte sich über Nora! Wie ein Gewitter brach ein Riesenstreit über die Gruppe herein. Sina war sauer, traurig und wütend zugleich, so dass sie Nora beschimpfte. Nora schrie Suzan an und so weiter und so weiter. Die Mädchen warfen sich gegenseitig unschöne Bezeichnungen an den Kopf und verletzten Gefühle. Wir Gruppenfachkräfte gingen dazwischen und beendeten vorläufig den Streit und kündigten an, dass wir später sprechen müssten. Jetzt waren erst einmal praktische Tätigkeiten wichtig: die Betten mussten bezogen werden, die Sachen in die Schränke geräumt und dann ging es schnell zum Abendbrot. Dort herrschte zwar Stille, aber Sina saß am Tisch und kämpfte mit den Tränen, der Stuhl neben ihr war frei. Der Rest der Gruppe schien sich gegen sie verschworen zu haben. Sina wollte am liebsten wieder nach Hause fahren!

Wir Gruppenfachkräfte hatten Sina und den Rest der Gruppe seit dem Nachmittag über beobachtet. Es war ein wirklicher Konflikt, den konnte man nicht so einfach vom Tisch wischen! Fest stand, so konnte es nicht weiter gehen, denn die Zeichen standen schon am ersten Tag der Gruppenreise auf Sturm! Und mit einer Entschuldigung gegenüber Sina war es längst nicht mehr getan. Also wurde nach dem Abendessen ein Gruppentreffen anberaumt. Alle saßen mit ihren Stühlen auf der Wiese und bildeten einen Kreis. Es war notwendig, den Konflikt klar zu benennen und die Gruppenfachkräfte schilderten ihre Beobachtungen. Schnell wurde deutlich, dass allen bewusst war, dass über Sina schlecht geredet wurde und sie am Nachmittag ziemlich allein dastand. Wer nicht direkt am Geschehen beteiligt war, hatte aber auch nichts dagegen unternommen. Für uns war es wichtig zu hören, wie die einzelnen Mädchen selbst über das Geschehen dachten und wer selbst ein Problem mit der Situation hatte. Also kam reihum jede zu Wort, um ihre Version zu erzählen. Schnell wurde klar, dass einige Mädchen sich nun gar nicht mehr sicher waren, was sich genau zugetragen hatte. Sina habe sich den ganzen Nachmittag über komisch verhalten, aber was sie genau getan hatte, war gar nicht so einfach zu benennen. Aber in einer Sache waren sich alle einig. Kein Mädchen wäre gern an Sinas Stelle gewesen, als es hieß: „alle gegen eine". Bei manchen Mädchen regte sich das schlechte Gewissen: „Ich habe mich gar nicht gut verhalten". Einige erinnerten sogar an die Gruppenregel: „Alle machen mit, keine wird ausgeschlossen". Sina selbst wollte und konnte nichts sagen. Für sie war es neu und gewöhnungsbedürftig, dass man in einer so großen Runde so offen sprach. Ein reges Gruppengespräch kam in Gang mit der Frage." Wer von Euch kann sich noch an seine erste Reise allein erinnern? Und wie war das?" Es folgten lustige und nachdenkliche Episoden ganz nach dem Motto „weißt Du noch…?" und alle konnten sich gut an ihre erste Reise allein und mit der Gruppe erinnern, vor allem an die erste Nacht weg von zu Hause. Plötzlich hatten alle Verständnis für Sina. Und schon gab es erste Vorschläge, wie die erste Nacht ohne Mama und Papa am besten zu überstehen wäre. Noch vor einer Stunde hatten sich (fast) alle gegen Sina gewandt und nun wollten alle Sina unterstützen! Natürlich waren danach nicht alle dicke Freundinnen. Erfahrungsgemäß würde es seine Zeit brauchen, bis die anderen Sina freundlich aufnehmen würden und sie wirklich in der Gruppe angekommen wäre. Aber an diesem Abend fand definitiv ein Umdenken statt. Das war eine gute Entwicklung, die zeigte, wie wichtig es war zuzuhören, aber auch Konflikte zu benennen und den Mädchen Raum zu geben, neue Erfahrungen zu machen.

Aber da war ja auch noch die Sache mit dem Geheimnis. Das war schon schwieriger. Wem erzählt man von einem Geheimnis? Und was ist das überhaupt - ein Geheimnis? Das natürliche Gegenstück zum Geheimnis ist das Vertrauen. Zu wem hat man Vertrauen und warum? Was passiert, wenn ein Geheimnis verraten wird? Wie geht es Euch dann? Was hat das Ganze mit Verschwiegenheit, Mut, Zuverlässigkeit und überhaupt mit Freundschaft zu tun? Auch da gab es viele Erfahrungsberichte, gute und weniger gute. Nicht selten stellte sich die vermeintlich beste Schulfreundin als wenig standhaft heraus, wenn es darum ging, ein Geheimnis zu bewahren. Und dann wussten es schon Stunden später alle anderen Mädchen und oftmals sogar die ganze Klasse. Wie peinlich! Und zudem war da der Schmerz über den Verrat der Freundschaft. Das konnte richtig wehtun.

In der Gruppe war es nicht weniger peinlich, wenn ein Geheimnis verraten wurde. Wie sollte man damit umgehen? Da gingen die Meinungen sehr auseinander. Und dafür gab es auch keine einfache Lösung. Aber ein erster Schritt war getan, die Mädchen kamen miteinander ins Gespräch und zwar alle!

In den darauffolgenden Tagen passierte etwas Wunderbares. Immer wieder saßen die Mädchen in kleineren Gruppen zusammen, um darüber zu sprechen, wie es ihnen ging. Was sie fröhlich und traurig machte und was man tun konnte, wenn es einem nicht so gut ging. Aber es wurde auch gemeinsam gespielt, getobt und gelacht. Und Sina? Sie wollte der Freundschaft mit Nora eine weitere Chance geben. Es war klar, wie wichtig es bei einer Gruppenreise und überhaupt in der Mädchengruppe ist, Verbündete und Vertraute zu finden. Mädchen, mit denen man nicht nur Spaß haben kann, sondern bei denen man auch auf Mitgefühl und Freundlichkeit stößt. Das fühlte sich für alle so viel besser an, als noch Stunden zuvor!

Fazit

Ich erlebe wöchentlich, wie wichtig die kontinuierliche Arbeit in der Gruppe für die Mädchen ist. Sie ist eine wichtige Instanz, um sich von den Anforderungen in Schule und Familie zu erholen und gleichzeitig ist sie Übungsfeld für den sozialen Umgang miteinander. Soziale Gruppenarbeit kann nicht Ursachen der Hilfebedürftigkeit beseitigen, aber wohl stabilisierend für die Teilnehmerin wirken, um die Persönlichkeit insgesamt zu fördern. Und verlässliche Beziehungsangebote sind eine wesentliche Grundlage für die Entwicklung von Resilienzen. Mit der Teilnahme an der Gruppe werden im geschützten Rahmen neue Räume geöffnet, Grenzen erforscht und Möglichkeiten aufgezeigt. Viele Mädchen werden so später besser in der Lage sein, ihr Leben selbst zu gestalten und eigene Problemlösungen zu finden.

* * *

Es gibt immer eine Lösung

Ksenija Jüngling

In dem einen Jahr, in dem ich Chico unterstützte, habe ich ihn gut kennengelernt und möchte kurz über seine Geschichte, seine Probleme und unsere Zusammenarbeit sowie Hindernisse und Erfolge berichten.

Hintergründe und Vorstellung von Chico

Chico ist zu Beginn der Betreuungshilfe bereits 18 Jahre alt. Er ist in seiner Heimat in ärmlichen und gewaltvollen Verhältnissen aufgewachsen. Er hatte keine schöne Kindheit. Sein Vater sei Alkoholiker gewesen und sehr gewalttätig. Seine Mutter beschrieb er als nervös, hysterisch und nach dem Tod ihrer vier Kinder sei sie sehr depressiv gewesen. Chico und seine Mutter seien häufig und oft ohne Grund vom Vater verprügelt worden. Chico habe Kühe hüten und versorgen müssen. Nach eigenen Angaben konnte er nur circa jede zweite Woche die Schule besuchen. Er gab an, auch viele Probleme mit den Nachbarn und der Polizei gehabt zu haben, die ihn ins Gefängnis gesteckt hätten anstatt zu helfen, die ihn misshandelt hätten anstatt ihn zu schützen. Mit 14 Jahren habe er schon schwere Suizidversuche unternommen. Sein Cousin habe ihn 2015 nach Berlin gebracht. Hier habe er keine Verwandten.

Seit Chico in Berlin lebt, war er in verschiedenen Jugendeinrichtungen untergebracht. Wegen seines auffälligen Verhaltens infolge von Alkoholsucht und Drogenmissbrauch sowie aufgrund von Regelverstößen flog er immer wieder aus den Einrichtungen.

Chico war, als er hier ankam, nicht mehr in der Erfahrungsphase, sondern in der Abhängigkeitsphase. Er konsumierte diverse Drogen (u.a. Amphetamine, Cannabis, Speed, Crystal Meth, Kokain, auch Heroin habe er ausprobiert). Er gab an, ca. ein bis drei Flaschen Wodka pro Woche zu trinken. Er hatte bereits mehrere Entzugsbehandlungen hinter sich, die nicht zum Erfolg führten, weil er sich immer wieder selbst entlassen hatte oder die Behandlung abbrach. Sein eigenmächtiger Abbruch der stationären Therapie in verschiedenen Krankenhäusern führte ihn in die Obdachlosigkeit. Er lebte dann längere Zeit auf der Straße, in verschiedenen Obdachlosen-Notunterkünften und es ging ihm generell nicht gut.

Im Jahr 2017 lernte ich Chico kennen. Mittlerweile spricht er sehr gut Deutsch, ausreichend Englisch und etwas Farsi. Er ist sehr technikbegeistert und hat gute Kenntnisse bezogen auf Computer und Smartphones. Sein Wunsch ist es, sich in der IT- Branche ausbilden zu lassen und zu arbeiten.

Mein Auftrag und mein Beziehungsaufbau zu Chico

Chico war im Übergang zum Erwachsensein, als ich ihn im Jugendamt kennenlernte. Die Hilfe wurde seitens des Jugendamtes initiiert.

Die wesentlichen Aufträge waren, Chico dabei zu unterstützen, seine Alltagsprobleme zu bewältigen und seine Grundbedürfnisse sichern zu helfen (v.a. Wohnen, Krankenversicherung, Klärung seines Aufenthaltsstatus). Ich sollte ihn in der Zusammenarbeit mit Behörden begleiten. Darüber hinaus sollte er Unterstützung bekommen, um Lösungswege im Umgang mit seiner Sucht zu finden (Entzug und Therapieplatz).

Ich habe Chico als offenen, kontaktfreudigen, intelligenten und liebenswerten Jugendlichen kennengelernt, obwohl er total am Boden war.

Um sein Vertrauen zu gewinnen, strebte ich eine offene, bestärkende und klare Kommunikation mit Chico an. Dabei zeigte ich mich zu Fragen bezüglich aller Lebensbereiche aufgeschlossen. Ich begegnete Chico mit Respekt und gab ihm die Möglichkeit, weiter über seine Probleme auf Augenhöhe zu sprechen.

Darüber hinaus gab ich Chico zu verstehen, dass ich hinter ihm stehe und dass ich ihn nicht aufgeben werde, selbst wenn er erneut schwach und rückfällig werden würde. Dabei versuchte ich zu ergründen, was ihn so niederdrückt.

Mir war klar, dass Chico hinsichtlich seiner Suchtproblematik, seiner Freizeitaktivitäten, seiner schulischen Ausbildung und im Bereich seiner gesundheitlichen Versorgung Begleitung und Unterstützung benötigte. Es war für mich auch sehr wichtig, Chico in die Lage zu versetzen, die angebotene Hilfe anzunehmen, ohne zu denken, dass er hierdurch sein Gesicht verliert.

Damit ich Chico besser verstehen konnte, habe mich zuerst darüber informiert, wie die Drogen, die er zu sich nahm, wirken. Ich begleitete Chico und lernte auch sein soziales Umfeld (den drogenabhängigen Freundeskreis) kennen. So konnte ich in Diskussionen gut „mithalten" und war von Chicos Freunden aber auch von ihm selbst ernst genommen. Später ergänzte Chico mein Wissen darüber, wie Drogen wirken und was die Nebenwirkungen sein können. Dieses Wissen konnte ich nirgends im Internet finden. Ich versuchte, Zugang zur Chicos Welt zu bekommen. Mir ist es nicht entgangen, dass der Drogenmissbrauch seine Fähigkeiten zu vernünftigem Handeln und Denken stark reduzierte.

Mit Chico entwickelte sich von Anfang an eine positive Arbeitsbeziehung. Die Vertrauensbasis zwischen Chico und mir war schnell hergestellt. Chico sprach offen über seine Probleme, Ängste und Wünsche. Er war sehr kooperativ und nahm vereinbarte Termine wahr. Er kam sehr oft angetrunken zum Termin, dann sind wir ins Café gegangen, um Kuchen zu essen und Kaffee zu trinken.

Zu Beginn präsentierte Chico einen „Stapel an Problemen", die er am liebsten alle gleichzeitig erledigen lassen wollte. Im Vordergrund standen seine Angst vor der Abschiebung, die Obdachlosigkeit, die fehlende Krankenversicherung, die fehlende Aufenthaltserlaubnis, die fehlende polizeiliche Anmeldung und dazu noch seine Alkohol- und Drogensucht.

Am Anfang sah er seine Abhängigkeit nicht als Problem und dachte, er habe alles unter Kontrolle. Als er sah, dass ich ihn nicht verurteile, sondern versuchte, seine Sucht zu verstehen, offenbarte er sich mehr und mehr. Ich erfuhr alles über seine Probleme und Wünsche. Mir fiel auf, dass Chico nicht viel zum Anziehen hatte, aber das, was er trug, war sehr sauber und er legte sehr viel Wert auf seine äußere Erscheinung.

Erste Schritte und individuelle Unterstützung

Chico kam sehr oft unter Einfluss von Drogen in die Schule. Er wollte den Alltag vergessen und seine Probleme verdrängen. Die damalige Sozialarbeiterin, mit der ich ständig in Kontakt war, berichtete mir über sein Verhalten. Wir haben gemeinsam überlegt, wie wir Chico helfen können, damit er die Schule beenden kann und nicht angetrunken oder unter Drogeneinfluss zur

Schule kommt. Ich erhielt die Rückmeldung von ihr, dass Chico beeindruckt davon gewesen sei, dass ich mich für ihn eingesetzt hätte, dass ein gemeinsames Gespräch zustande kommt. Herr B. vom SIBUZ[1] sei auch bei dem Gespräch mit Chico anwesend gewesen und sei auch eine große Unterstützung. Nachdem Chico anfänglich eher skeptisch und „maulig" gewesen sei, habe sich seine Haltung geändert, als Herr B. da war. Es sei Chico möglich gewesen, ehrlich zu benennen, was seit der letzten Zielvereinbarung in der Schule gut gelaufen sei und was nicht. Er habe aber nicht zugegeben, dass er in den vergangenen Tagen Drogen genommen hatte. Man habe sich in der Vorbereitung des Gesprächs darüber geeinigt, das Vergangene nicht explizit zu thematisieren, sondern vielmehr Forderungen für die Zukunft an Chico zu stellen:

- Chico beginnt nächste Woche seinen Entzug und schließt diesen erfolgreich ab.
- Wenn er (nach erfolgreicher [Anschluss-] Behandlung) wieder zur Schule kommt, sind Drogen tabu und er verpflichtet sich, angemessen dem Unterricht zu folgen.

Folgende Konsequenz wurde formuliert: Falls er gegen eine dieser Auflagen verstoßen sollte, werde er von der Schülerliste gestrichen.

Chico habe sich im Gespräch sehr kooperativ und therapiewillig gezeigt. Er habe mit seinem Arzt, Dr. R., telefoniert und gesagt, dass er einen Entzug machen wolle. Es wurde vereinbart, dass er an einem bestimmten Tag dort noch einmal anruft, um sich einen freien Platz bestätigen lassen.

Die vernetzte Arbeit mit der Schule und den behandelnden Ärzten war wichtig, um Chico zu signalisieren, dass er im Blick aller ist.

Ziel war es, Chico dahingehend zu unterstützen und zu begleiten, dass er seine Ressourcen wiederentdeckt, neu erschließt und erweitert und somit zu einer selbständigeren Lebensführung kommt. Aber wie?

Zuerst habe ich nachgedacht, wie ich Chico helfen kann und womit ich anfangen soll. Dann bin ich auf die Idee gekommen, zusammen mit Chico eine Checkliste mit folgenden Fragen aufzustellen:

- Was soll sofort gemacht werden?
- Was wollen wir gemeinsam machen?
- Wen können wir noch ins Boot holen?
- Wie wollen wir das machen?

1 Schulpsychologisches und Inklusionspädagogisches Beratungs- und Unterstützungszentrum.

- In welcher Reihenfolge wollen wir vorgehen?
- Welches Ziel wollen wir erreichen?
- Wer macht was? Wann? Wie lange? Bis wann?
- Welche Informationen über Chico sind schon vorhanden?
- Welche Kernthemen sollten gemeinsam bearbeitet werden?
- Wie soll die künftige Zusammenarbeit genau aussehen?
- Welche Ergebnisse streben wir an und welche Strategien für die Zukunft sind notwendig?

Als erstes erfolgte die Kontaktaufnahme und Vernetzung mit allen, die Chico bisher unterstützt hatten. Das waren die Sozialarbeiterin seiner Schule, der Psychologe, der ihn damals behandelte, die Ärztin im Krankenhaus, die ihm regelmäßig Tabletten verschrieb, die medizinische Koordinatorin für flüchtlingsrelevante Fragen, die Sozialarbeiterin, die bei seinem letzten Krankenhausaufenthalt für ihn da war sowie die Leiterin der letzten Unterkunft. Weitere Informationen entnahm ich seinen Unterlagen (Berichte der verschiedenen damaligen Jugendeinrichtungen und der Krankenhäuser).

Chico war, laut eigener Aussage, sehr oft depressiv. Es gab viele Dinge, über die er nachdenken musste und vieles, was ihn betroffen machte. Er hatte noch wenige Möglichkeiten, damit umzugehen, was auch damit zusammenhängt, dass er noch keine Erfahrungen damit hatte, existenzielle Probleme zu meistern. Er war sehr impulsiv und verlor oft seinen Kopf. Wenn sich Chico über etwas Sorgen machte - am größten war die Angst, abgeschoben zu werden -, nahm er Zuflucht zu drastischen Mitteln oder fragte mich um Rat.

Ich merkte, dass Chico so lange ein guter Mensch sein konnte, wie er noch nicht von den Drogen und dem Alkohol komplett beherrscht wurde. Chico fühlte sich hier allein und schrie nach Hilfe. Er benötige und forderte viel Aufmerksamkeit und Zuneigung, die er von seinen Eltern nicht hatte bekommen können.

Ein gesicherter Aufenthaltsstatus war die Voraussetzung für alle anderen Hilfen: Krankenversicherung, polizeiliche Anmeldung, Sozialhilfe etc. Chicos Aufenthaltsstatus war prekär, weil er keinen Antrag auf Asyl gestellt hatte. Gleichzeitig war mir bewusst: wenn er das getan hätte, wäre der Antrag sofort abgelehnt worden, und er wäre abgeschoben worden. Ich brachte in Erfahrung, dass seine Krankheit ein Abschiebehindernis darstellt und er nicht zwingend einen Asylantrag stellen musste, wie die Ausländerbehörde von ihm verlangte. Er musste durch ärztliche Atteste aber nachweisen können, dass er krank ist. Da Chico noch wegen seiner psychischen Probleme in Behandlung war, bekam er mehrere ärztliche Atteste zur Vorlage bei der Ausländerbehörde. Auf Grund dieser Atteste gab ihm die Ausländerbehörde zuerst eine Duldung für drei Monate, die danach auf ein Jahr verlängert wurde. Die Wartezeit bei der Ausländerbehörde dauerte mehr als sechs Stunden. Ich spürte, wie Chico nervös und unruhig wurde. Als er einige Polizisten sah, die gekommen waren, um jemanden festzunehmen, fing er an, richtig zu zittern und zu schwitzen, weil er dachte, dass sie wegen ihm gekommen sein könnten. Als Chico die letzte Duldung für ein Jahr bekam, war er überglücklich und zu Tränen gerührt. Er umarmte mich ganz fest mit einem: „Danke". Seine Angst war weg, er lachte, und wir gingen essen.

Sicherstellung des Lebensunterhalts

Nach Erhalt der Duldung konnte Chico einen Antrag auf Sozialhilfe stellen. Dieser wurde beantragt und bewilligt. Gleichzeitig wurde Chico krankenversichert, was eine Voraussetzung für die Aufnahme in der Entzugsklinik war. Ein Antrag auf Kostenübernahme für die Unterkunft in Höhe von 25 Euro täglich wurde auch bewilligt. Chico bekam ca. 300 Euro für den Lebensunterhalt.

Da Chico sein erstes Geld nach zwei Stunden sofort für Drogen ausgab und von der Polizei in die Notaufnahme gebracht wurde, traf ich eine Vereinbarung mit ihm. Ich schlug ihm vor, sein Geld zunächst für ihn zu verwalten und mir jedes Mal unterschreiben zu lassen, wenn er einen Teilbetrag bekam. Er musste den Umgang mit Geld noch lernen. Chico erhielt bald auch eine Nachzahlung in Höhe von 700 Euro. Mit diesem Geld haben wir zusammen Kleidung, Turnschuhe, einen Rucksack, eine Winterjacke und vieles, was er benötigte, für ihn gekauft. Über die Sachen hat er sich riesig gefreut und sagte: „So etwas habe ich noch nie gehabt". Er wählte die Sachen allein aus und zeigte dabei einen sehr guten Geschmack. Voller Begeisterung zog er die neuen Sachen im Laden an und ich sollte ihn fotografieren. Ich kann gar nicht beschreiben, wie glücklich Chico war. Er umarmte mich immer wieder und bedankte sich. Dieses Erfolgserlebnis gab uns Kraft für die weitere Arbeit.

Ich habe Chico zum Sozialamt begleitet und später ging Chico allein mit dem Laufzettel dorthin, um sich die Hilfe selbst auszahlen zu lassen. Er lernte schnell, mit Behörden umzugehen.

Freizeitaktivitäten mit Chico und moralische Unterstützung

Nach der Schule habe ich mit Chico viel unternommen. Wir sind Bowlingspielen gegangen, haben Filme im Kino geschaut, sind spazieren gegangen und manchmal konnte ich ihn motivieren, Mathe zu üben.

Dabei erzählte mir Chico viel von seinem Leben, seinen Freunden, seinen Ängsten und über seine Zukunftswünsche. Chico hatte viele Beschwerden: Er konnte nicht schlafen, hatte Paranoia, Alpträume, Angstzustände, hörte Stimmen, hatte Wahnvorstellungen und Schweißausbrüche. Er berichtete von sehr häufigen und starken Suizidgedanken über Jahre hinweg, er erzählte von seinem tiefen Misstrauen, insbesondere auch vor dem Hintergrund emotionaler und körperlicher Gewalterfahrungen in der Herkunftsfamilie. Ihn belasteten der frühe Verlust der Geschwister und seine Mobbingerfahrungen bei der Polizei und in der Schule. Er hatte wohl zuerst versucht, sich in der Heimat mit pflanzlichen Mitteln das Leben zu nehmen, und in Berlin versuchte er es mit Benzodiazepinen.

Chico erzählte mir auch, dass er schon in seiner Heimat angefangen habe, Drogen zu nehmen, weil er es zu Hause nicht mehr habe aushalten können. Da dominierte sein alkoholisierter Vater, der alle tyrannisierte. Er selbst sei gehemmt, schüchtern und unterdrückt von der Welt gewesen. Unter Einfluss der Drogen habe er sich gefühlt, wie er sein wollte.

Chico nahm wohl alles, was er an Drogen bekommen konnte. So rutschte er immer tiefer und tiefer in die Sucht. Sehr oft wurde er von der Polizei in seinem Rausch festgenommen und in die Notaufnahme gebracht. Dort musste er auf Grund von aggressiven Impulsen auch fixiert werden. Am nächsten Morgen holte ich ihn dann oft ab.

Chico dachte zuerst, dass er alles unter Kontrolle habe. Das war aber nicht so. Nach langem Ringen akzeptierte er sein Suchtproblem und war bereit, professionelle Hilfe in Anspruch zu nehmen. Irgendwie hatte ich einen Eindruck, dass seine Bereitschaft, ins Entzugsklinikum zu gehen, auch mit der bevorstehenden Verlängerung seiner Duldung zusammenhing. Die Gespräche, die ich mit Chico führte, haben ihm zudem geholfen. Endlich sei da jemand, der sich mit einigen Themen auskenne, zuhöre und Tipps geben könne, betonte Chico.

Wenn er wieder einmal „zusammenbrach“, dann war er ernstlich überzeugt, dass er sein Leben umkrempeln wollte und musste. Er war willig, sich Hilfe bei einem Psychotherapeuten oder irgendeiner Institution zu holen. Ich begleitete ihn zum Drogennotdienst, zur Selbsthilfegruppe und besuchte ihn im Krankenhaus; dort sprach ich ihm Mut zu, damit er durchhält.

Im Verlauf der Hilfe nahm ich eine Analyse der fachlichen und persönlichen Situation von Chico vor, und besprach mit ihm mögliche berufliche und schulische Perspektiven und Alternativen.

Krisenzeiten

Sehr oft rief mich Chico außerhalb meiner regulären Arbeitszeit, d.h. nachts, stark alkoholisiert und vermutlich auch unter Drogeneinfluss an und berichtete, dass er nicht wisse, wo er schlafen solle. Er hatte fast alle Obdachlosen-Unterkünfte durch … Ich suchte ihn auf, beruhigte ihn und verhandelte mit dem Leiter der Obdachlosen-Unterkunft, so wurde Chico wieder aufgenommen.

Es gab Momente, wo Chico glaubhaft signalisierte, dass er weg aus Sucht und der Szene wollen würde. Sehr oft plagten ihn aber auch Selbstmordgedanken, da er keinen anderen Ausweg fand und dachte, es sei für ihn die einzige Möglichkeit, die ihm noch bleibe. Er ging sogar freiwillig ins Krankenhaus, um sich einem Entzug zu unterziehen. Der letzte Versuch bewährte sich. Chico hielt durch.

Chico hatte in den letzten Jahren viele Wechsel hinnehmen müssen, die zu einer Verschlechterung der Grunddiagnose, einer emotional instabilen Persönlichkeitsstruktur, beitrugen. Um einen Rückfall in die Phase mit Suizidhandlungen zu vermeiden, war eine therapeutische Versorgung unabdingbar und aufgrund der Umstände auch erfolgversprechend. Gerade bei ihm war aber eine schnelle Hilfe vonnöten, da dies ein sehr komplexer Zustand und Ablauf war. Sowohl psychisch wie auch physisch.

Suche und Probleme mit der Unterkunft

Es folgte zusammen mit Chico die Suche nach einem geeigneten betreuten Wohnprojekt (Betreutes Einzelwohnen für Jugendliche mit Suchtproblem ab 14 Jahren). Wir fanden mehrere Wohnprojekte, bei denen sich Chico vorstellte. Nach ausführlichen Gesprächen über seine Probleme wurde er leider nicht angenommen. Er blieb weiter auf der Straße und übernachtete in Notunterkünften. Er musste sich abends um 18.00 Uhr anmelden, bekam ein Bett in einem Gemeinschaftszimmer und morgens musste er die Notunterkunft verlassen. Er durfte nicht länger als zwei Mal hintereinander dort übernachten. Chico machte hier auch Probleme, was immer wieder zu Hausverboten führte.

Zu dieser Zeit wurde ein Termin in der DRK-Klinik zwecks seiner Aufnahme zur Durchführung eines Entzugs vereinbart. Chico hat selbst dieses Krankenhaus vorgeschlagen. Die Voraussetzung der Aufnahme war, dass er drogenfrei ist. Die Aufnahme sollte in einem Monat erfolgen.

Bis zu der Aufnahme in der Klinik konnte ich Chico - trotz der erhaltenen Kostenübernahme vom Sozialamt wegen seiner schweren Krankheit und seines langwierigen Kampfes gegen die Drogeneinnahme -, nicht in einem Hostel unterbringen, weil ein normales Hostel mit einem so schwierigen Fall (Alkohol- und Drogenabhängigkeit) überfordert ist.

Um ihm weitere Obdachlosen-Unterkünfte zu ersparen, erklärte sich eine Freundin von ihm mit ihrem Mann bereit, Chico bei sich bis zu der Aufnahme im Klinikum aufzunehmen. Solange er bei ihr wohnte, nahm er keine Drogen und so konnte er im Krankenhaus aufgenommen werden. Das war nur möglich, weil Chico den festen Willen zeigte, es zu schaffen. Morgens ging er zur Schule, danach kam er zur Freundin; dort erwartete ihn ein familiäres, ruhiges Leben, welches er sich immer gewünscht hatte. Ich traf mich auch mit ihm, wir spielten abends verschiedene Spiele und nahmen zusammen an verschiedenen Freizeitaktivitäten teil. Chico sagte mir, dass unsere regelmäßigen Gespräche, das aufmerksame Zuhören, die Beratung und Betreuung in seinen persönlichen und emotionalen Angelegenheiten ihm Halt gaben.

Erfolge und Krankenhausaufenthalte während meiner Betreuung

Chico befand sich zwei Wochen in der DRK-Klinik in Berlin Mitte in stationärer Behandlung wegen des Entzugs. Nach der Entlassung auf Empfehlung des Arztes konnte Chico in einem Wohn- und Selbsthilfeprojekt für wohnungslose, suchtkranke Menschen untergebracht werden. Mit der Einrichtungsleiterin stand ich ständig im Kontakt. Dort wurde er auch das erste Mal polizeilich angemeldet.

Chicos Krankheitsbild bedurfte zur Stabilisierung und Besserung unbedingt der geplanten DBT-Therapie[2] im St. Hedwigs-Klinikum.

Im Juli und August 2017 begleitete ich Chico ins St. Hedwig-Krankenhaus

2 Die Dialektisch-Behaviorale Therapie (DBT, auch dialektische Verhaltenstherapie) ist eine Psychotherapieform zur Behandlung von Patienten, die zur Selbstgefährdung oder Fremdgefährdung neigen, und kommt oft im Rahmen der Behandlung der Borderline-Persönlichkeitsstörung zum Einsatz…(Aus: Wikipedia).

zum Vorgespräch für seine DBT-S-Therapie. Seine Aufnahme war für den 24. Oktober geplant; dort sollte er eine ca. 12-wöchige Behandlung im teilweise stationären, teilweise teilstationärem Setting (Heimfahrten am Wochenende zur Belastungserprobung, teilstationäre Behandlung im zweiten Teil der Therapie) beginnen. Eine weitere Behandlung war in der Tagesklinik vorgesehen. Diese Therapie konnte nur unter der Voraussetzung stattfinden, dass Chico einen festen Wohnsitz nachweist. Dafür war es notwendig, dass die Sozialarbeiterin des Sozialamtes auch für die Zeiten der stationären Behandlung eine Kostenzusage für Chico erteilt, damit der Wohnplatz erhalten blieb. Es hieß, nur mit einem stabilen Umfeld und festen Wohnsitz sei die Therapie sinnvoll und erfolgsversprechend - sollte das nicht der Fall sein, könne Chico nicht behandelt werden.

Der Schwerpunkt der Arbeit mit Chico lag in dieser Zeit in einer nachhaltigen Befähigung Chicos, eine elektive Entzugsbehandlung ohne Unterbrechung durchzustehen. Aber auch die Schwierigkeiten, eine Kostenübernahme zu erhalten, waren nicht zu unterschätzen. Eine Kostenübernahme durch die Krankenkasse für die stationäre Aufnahme und die Kosten für die Unterkunft während des Krankenhausaufenthalts wurden beim Sozialamt erkämpft.

Diesmal hielt Chico durch. Ich habe Chico im Krankenhaus regelmäßig besucht und Rücksprache mit den Ärzten gehalten.

Vor der Aufnahme im Krankenhaus hat Chico auch einen Platz in dem berufsqualifizierenden Lehrgang (BQL) im Berufsfeld Metalltechnik für das Schuljahr 2017/2018 in der Hans-Böckler-Schule erhalten. Da er seine Deutschprüfung in der alten Schule verschlafen hatte, musste er am Tag der Einschulung am 04.09.2017 einen Deutschtest absolvieren. Er hat diesen Test mit BI bestanden.

Ich sprach mit Chicos Klassenlehrer über seine geplante dreimonatige Therapie. Es wurde folgendes vereinbart:

Bis zu der Aufnahme soll Chico weiter die Schule besuchen. Wegen der Therapie versäumt er sein Praktikum und den Lehrstoff. Trotzdem bleibt Chico weiter in der Schule. Nach seiner Therapie wird gemeinsam für ihn eine neue schulische Lösung gesucht.

Seit Januar 2018 wohnt Chico in einer stationären Wohngemeinschaft der „Flexiblen Jugendhilfe“ und hat ein eigenes Zimmer.

Fazit

Was hat Chico geholfen, seine großen Probleme angehen zu können? Welche Ressourcen waren hilfreich?

- Chico hatte den Willen, seine Suchtprobleme zu lösen.
- Er hatte Interesse, die Schule zu besuchen und zu lernen.
- Er war bereit, intensiv mit mir und den Ärzten / Therapeuten zusammen zu arbeiten; vereinbarte Termine nahm er wahr.
- Finanziell war Chico durch das Sozialamt abgesichert.
- Seine Mehrsprachigkeit half ihm, sich auszudrücken.
- Er besaß die Fähigkeit, sich selbständig Informationen zu beschaffen.
- Chico war kontaktfreudig und hilfsbereit.

Angewandte Methoden in der Arbeit

Zur Erreichung der pädagogischen Ziele kamen folgende Methoden zum Einsatz:

- Empowerment/ Förderung der Selbsthilfe durch Mobilisierung seiner eigenen Kräfte
- Stabilisierung durch Feedback und Bestärkung
- Hilfe beim Aufbau seiner eigenen Handlungskompetenz durch Hinweise und Begleitung
- Unterstützung in der Fähigkeit zur selbstständigen Lebensführung.

Die Durchführung der sozialpädagogischen Betreuungshilfe erfolgte auf Basis von gemeinsamen Gesprächen, die zwischen der sozialpädagogischen Fachkraft, Chico, dem Jugendamt, der Schule und anderen Beratungsstellen (Caritas, Ärzten im Krankenhaus) geführt wurden.

Betrachtet man die Ausgangssituation und die erreichten Etappenziele, fällt das Resümee im Großen und Ganzen positiv aus. Nach den anfänglichen Schwierigkeiten mit emotionalen Schwankungen, Höhen und Tiefen, funktionierte die Arbeit mit Chico gut. Das war nur möglich, weil Chico sich von seiner Sucht befreien wollte und seine Mitarbeit in vollem Umfang vorhanden war.

Zusammenfassend lassen sich folgende Aspekte darstellen: Chico hat meine Unterstützung gut angenommen. Es gab eine kontinuierliche und zuverlässige Zusammenarbeit. Viele Ziele konnten erreicht werden:

Mittlerweile hat Chico einigermaßen sein seelisches Gleichgewicht und eine stabile körperliche Verfassung erreichen können. Die erforderliche Suche nach einer neuen Unterkunft ist abgeschlossen. Chico reagiert erlöst und befreit. An das Alleinwohnen in seiner Unterkunft konnte sich Chico im Laufe der Zeit gut gewöhnen.

Es kam zu einem grundlegenden Wandel in seiner Einstellung zur Beeinträchtigung, die nun akzeptiert wird und er hat gelernt, mit der Beeinträchtigung positiv umzugehen. Sehr hilfreich dafür war auch seine Teilnahme an der Therapie. Mit Hilfe derer hat Chico gelernt, seine Angst in konkreter und strukturierter Form auszudrücken und zu verarbeiten, so dass die Angstzustände wieder in lebensfördernde Energie transformiert werden können.

Chico war auf die Beendigung der Hilfe vorbereitet und ist in der Lage, sich selbst weitere benötigte therapeutische Hilfe zu organisieren.

Ihm ist bekannt, welche Angebote im Sozialraum existieren, um diese optimal für die Zukunft nutzen zu können. Ihm stehen auch verschiedene Beratungsstellen bei eventuellen Problemen zur Seite.

Ein wichtiger Aspekt war während der Hilfe, Chico die Verantwortung für sein eigenes Tun und Handeln bewusst zu machen, mit dem Ziel, eine nachhaltige Existenzperspektive zu entwickeln. Chico war durch mich dahingehend motiviert und in die Lage versetzt, selbständig Barrieren in seinem direkten Lebensalltag und die berufliche (Re-) Integration in den Arbeitsmarkt zu bewältigen.

Durch die intensive Beratung und Anleitung ist es einigermaßen gelungen, Chico zur Selbsthilfe zu befähigen.

Ich habe Chico in sozialen, persönlichen, sozialrechtlichen und sozialhilferechtlichen, wirtschaftlichen, beruflichen sowie in aufenthaltsrechtlichen Fragen beraten bzw. an entsprechende Beratungsstellen vermittelt. Dazu habe ich Chico noch bei vielen seiner gesundheitlichen und schulischen Herausforderungen begleitet und damit eine besonders vertrauensvolle Verbindung zu ihm aufbauen können.

Da die Sozialpädagogen des betreuten Jugendwohnens die weitere Betreuung von Chico übernommen haben, wurde meine Unterstützung in Form einer ambulanten Hilfe beendet.

Chico sprach den Wunsch aus, auch nach der Beendigung der Hilfe weiter Kontakt zu mir pflegen zu dürfen. Hin und wieder wendet er sich mit Fragen oder Sorgen an mich und ich bin bereit, diesen Kontakt aufrechtzuhalten.

Was habe ich aus diesem Fall gelernt?
Ich habe gelernt, dass es sich lohnt, nicht aufzugeben, egal wie unlösbar eine Aufgabe am Anfang erscheinen mag. Es gibt immer eine Lösung. Chico ist noch nicht ganz clean und das ist ihm bewusst. Hin und wieder verspürt er noch Suchtdruck. Nun, für seine Betreuer ist er noch ein weiteres Lernfeld. Wichtig zu erwähnen ist, dass ich allein, d.h. ohne die Unterstützung und Zusammenarbeit mit den oben erwähnten Personen, das alles nicht in so kurzer Zeit hätte bewältigen können.

Mir ist bewusst geworden, dass die Verhältnisse, die dazu führten, dass der Betroffene drogenabhängig geworden ist, nicht außer Acht zu lassen sind.

Schließlich möchte ich noch festhalten, dass die Erfahrung, dass meine Hilfe angenommen wurde und ich eine Stütze sein konnte, mich auch persönlich bereichert hat.

Prof. Jens Reimer, Direktor des Zentrums für Interdisziplinäre Suchtforschung der Universität Hamburg, antwortete einmal auf die Frage, wie man Jugendliche davon abhalten könne, Drogen zu nehmen, dass es zwei wichtige Aspekte gebe: Der eine sei die Information darüber, was Drogen sind, wie sie wirken und welche Risiken sie bergen. Der andere sei, den Jugendlichen Kompetenzen zu vermitteln, z.B. wie man lerne „Nein" zu sagen, ohne von der Gruppe ausgeschlossen zu werden.

* * *

Kaleidoskop

Diana Martin

Betrachte deinen Weg einfach als Erfahrung. Glaub mir, für irgendetwas, was du jetzt noch nicht erkennen kannst, war er gut und sinnvoll.

Das Labyrinth des Lebens, ZANKO

Hast Du einmal mit einem Kaleidoskop gespielt? Weißt Du was es ist?

„Ein Kaleidoskop ist ein in der Regel 12 bis 15 cm langes Rohr, an dessen einen Ende sich locker zwischen einer glatten und einer mattierten Glasplatte eingelegte kleine, farbige Objekte befinden. Häufig sind die Objekte Körper aus farbigem Glas. Das andere Ende des Kaleidoskops hat ein rundes Fenster zum Durchsehen. Im Rohr selbst sind längs drei (manchmal auch vier) Spiegel-Streifen angebracht, die sich an ihren Längskanten berühren. Darin spiegeln sich die Gegenstände mehrfach, so dass ein symmetrisches farbiges Muster sichtbar wird, das sich beim Drehen ändert.“ [1]

Als Kind habe ich oft mit so einem Kaleidoskop gespielt. Aber Du fragst Dich vielleicht, warum ich dies erzähle. Es ist so: wenn ich die Familien, die ich betreue, betrachte, kommen mir die Erinnerungen an solch ein Spiel. Egal wie ich es drehe (egal welche Familie ich betrachte), es erscheinen immer ähnliche, wenn auch nie ganz gleiche Bilder. Die Bilder beziehen sich auf Familien, mit denen ich arbeite, die ich aufgrund meiner Herkunft und Sprachkenntnisse begleite. Sie sind weder repräsentativ für die in Bulgarien lebenden Menschen noch für die aus Bulgarien nach Deutschland kommenden Menschen, aber durchaus für diejenigen, die hierher kommen und auf Familienhilfe angewiesen sind.

1 Aus Wikipedia.

Das 1. Bild: All die Familien, die ich betreue und die nach Deutschland umgezogen sind, haben das eine Ziel, hier ein besseres Leben zu führen.

Das 2. Bild: Bei allen Familien werden ähnliche Schwierigkeiten und Risikofaktoren sichtbar:

- Sie verfügen über keine oder nur geringe Deutschkenntnisse
- Sie waren auch im Heimatland entweder Analphabeten oder gingen nur einige wenige Jahre zur Schule, nur sehr selten verfügen sie über einen Schulabschluss, eine Ausbildung oder höhere Qualifikation; als ausgegrenzt und abgehängt erlebten sie sich auch früher schon
- Oftmals bekommen sie hier nur eine geringfügige und schlecht entlohnte Beschäftigung, manche von ihnen sind auch nicht motiviert, mehr zu erreichen
- Sie haben häufig mehr Vorstellungen von ihren Rechten als von den hier bestehenden Pflichten.

Das 3. Bild: Die wichtigste Strategie für alle Familien ist: überleben.
Wie schafft man das? Lösungen werden gesucht über das Jobcenter, das Sozialamt, die Familien-Kasse, die Kranken- und Rentenversicherung und eher wenig über die eigene Arbeit.

Das 4. Bild: Sie finden schnell Anlaufstellen, wo Ersthilfe angeboten wird.
Fast alle Familien, die ich betreue, sind von Armut betroffen. Sie fürchten sich davor, dass sie im Alter noch mehr verarmen könnten – ein nicht unwahrscheinliches Szenario.

Das 5. Bild: Fast alle Familien stammen aus der ethnischen Minderheit, in der zu Hause auch die türkische Sprache gesprochen wird. Wegen dieser zweiten Sprachkompetenz findet in der Regel mindestens ein Mitglied der Familie eine niedrig qualifizierte Arbeit (Aushilfe, Reinigungskraft usw.), bei der auch türkisch gesprochen wird. Die Arbeit ist nicht gut bezahlt. Häufig handelt es sich um „Schwarzarbeit".

Das 6. Bild: Die gesellschaftliche Realität kennen diese Familien nur im Spiegel ihrer eigenen Erfahrung. Es fehlt an Wissen über die hiesige Gesellschaft mit ihren Facetten, an Informationen auch aus Quellen wie Kursen, Broschüren, Artikeln, usw.

Man kann noch weiter mit dem Kaleidoskop spielen und wenn man es tut und längere Zeit mit diesen Familien arbeitet, ergeben sich weitere und differenziertere Bilder und Muster, aber schon diese ersten sollen zunächst genug sein, da sich die daran anschließenden Fragen als wesentlich für die Zusammenarbeit mit diesen Menschen erweisen:

Wie lebt man auf diese Weise langjährig hier in Deutschland?

Wie kann man mittels Sozialer Arbeit zugleich einer solchen Familie helfen und sich von dem, was einem sehr nahekommt, schützen?

Wie schafft man es, „die Latte nicht zu hoch zu hängen", auch kleinste Schritte zu Zielen zu machen und so bei den Familien auf den Aufbau von Ressourcen zu setzen und sich selbst daran zu freuen, wenn diese Ziele erreicht werden?

Ich persönlich glaube an die Fähigkeit zur menschlichen Weiterentwicklung, geschehe sie nun freiwillig oder eher unwillig. Für mich schließt das eine das andere nicht aus. Die menschliche Entwicklung ist äußerst vielfältig, sie nimmt keine Rücksicht auf Nationalität, Geschlecht oder persönliche Wünsche. Manchmal wird Entwicklung sichtbar, manchmal bleibt sie unsichtbar, aber es ist immer besser, wenn sie bewusst von den Menschen gepflegt wird. Die eigene Entwicklung zum Ziel zu machen, das ist für viele der Familien, mit denen ich arbeite, ein Beschluss von großer Tragweite, zu dem leider nur wenige kommen.

Bei einem Gespräch über die schulische Situation ihrer Tochter teilte mir z.B. Frau C. seufzend mit: „Ich würde jetzt gern selbst eine Schülerin sein. Ich würde jeden Tag meine Schule besuchen, um später einen guten Beruf zu erlangen, statt diese schwere Schichtarbeit als Putzhilfe machen zu müssen."

Ihr wurde bewusst, welche Chance ihre Tochter jetzt hat, aber dennoch konnte sie das Mädchen nicht überzeugen, wie wichtig die Schulkarriere ist, denn hierzu fehlte für diese ein wichtiger Teil der Familienerfahrung: das Vorbild der Eltern. Es wurden auch Widersprüche deutlich: Die Mutter erwartete zwar von ihrer Tochter mehr Motivation, sie selbst zeigte aber keine wirkliche Motivation und hatte keine Kraft, ihre Deutschkenntnisse zu erweitern. Für die Kinder solcher Familien wird es schwer, festen Boden unter den Füßen zu gewinnen, denn so fehlen ihnen wichtige Lebenserfahrungen: das Erleben der Energie, die die Eltern in ihr Fortkommen investieren.

Mir ist es in meiner Rolle als Fachkraft in den ambulanten Hilfen zur Erziehung ein besonderes Anliegen, die Motivlage der von mir Begleiteten richtig einschätzen zu können. Eine große Hilfe sind mir dabei einige grundlegende Erkenntnisse zur Motivation: die Bedürfnispyramide nach Maslow, lerntheoretische Aspekte und solche aus der Dissonanz-Theorie seien hier genannt, da sie mir im Arbeitsalltag gute Orientierungshilfen bieten.

Bedürfnispyramide nach Maslow

Maslow (1908-70) selbst ging davon aus, dass die höheren Bedürfnisse erst dann entstehen, wenn die Grundbedürfnisse auf den unteren Ebenen gestillt sind.

Er teilt die menschlichen Bedürfnisse in fünf Kategorien ein, wobei die erste Kategorie das Fundament der Pyramide darstellt und die letzte Kategorie deren Spitze:

Grafik: Wikipedia. Spätere Versionen der Pyramide sind komplexer, diese reicht für meine Zwecke.

Dieses Modell hilft mir, im Kontakt mit den Menschen, die ich begleite, besser zu erkennen, welche Bedürfnisse für sie gerade wie relevant sind. Entsprechend kann ich meine Erziehungsberatung für sie gestalten und steuern. Nicht zuletzt hilft dies auch, die kleinen basalen Schritte zu würdigen und daraus Kraft und Zuversicht zu gewinnen und zu geben.

Je nachdem, wo die Familien und ihre Mitglieder gerade stehen, welche Bedürfnisse für sie aktuell relevant und erstrebenswert sind, kann ich einschätzen, ob die Eltern, Kinder und Jugendlichen auch für weitergehende Entwicklungsthemen empfänglich sind.

Die dritte Kategorie, die sozialen Bedürfnisse, sind für mich im Arbeitsalltag oft besonders schwer einzuschätzen: die eigene Zugehörigkeit zu einer sozialen Gruppe birgt Chancen wie Zwänge, die individuellen Wege zwischen den Polen Abgrenzung und Integration sind vielfältig. Dies ist sicher auch einer der Bereiche, an denen die Familien mir gegenüber zurückhaltend und vorsichtig sind, so dass an dieser Stelle immer Gefahren des Missverstehens oder des Verbergens von Motiv-Schichten besteht. Zu einem Frühlingsfest lud ich einmal **die Familie T.**, ich warb damit, dass dort auch eine berühmte Sängerin aus ihrer Minderheit singen werde. Die Antwort klang ungefähr so: „Warum lädst du uns dorthin ein? Ich will die Leute aus meiner Volksgruppe nicht sehen, ich will auch die Bulgaren nicht sehen. Nur mit Deutschen möchte ich Kontakt haben." Konfrontative Einwände gegenüber dieser deutlichen Abgrenzung - „Wie könnt ihr denn mit `Deutschen` in Kontakt kommen, wenn Eure Deutschkenntnisse so gering sind und wenn z.B. schon ein Besuch des nahegelegenen Familienzentrums abgelehnt wird?!" - wären kein bisschen zielführend gewesen. Ich merkte, dass es an dieser Stelle für mich kein Weiterkommen gab.

Was die 4. Kategorie nach Maslow, das Bedürfnis nach Anerkennung und Wertschätzung betrifft, bemerke ich in der Regel, dass dieses Bedürfnis oft nur rudimentär bei den Familien erfüllt ist. Genau betrachtet, sind weder Anerkennung noch (Selbst)-Wertschätzung meiner Klient*innen genügend ausgebildet: Ihre Anerkennung anderen gegenüber erscheint gering, die Selbstwertschätzung scheint auf den ersten Blick vorhanden, aber je tiefer man die Familie kennenlernt, desto unzureichender entwickelt erscheint auch sie.

Eine ganz wichtige Frage, die ich mir immer wieder als Fachkraft stelle: Wie kann man sich selbst verwirklichen (die 5. Kategorie nach Maslow), wenn das Ziel nur „überleben" heißt, und warum bleibt das so lange in diesen

Familien ein so wesentliches Ziel, obwohl eine Unterstützung unseres Sozialsystems zur Verfügung steht?

Alle Familien gestalten ihr soziales Netzwerk regelmäßig sehr ähnlich, wie es in der folgenden Graphik gezeigt wird. Die Familie in Deutschland steht im Zentrum, um sich herum gibt es die Ebene der persönlichen Beziehungssysteme mit Verwandten, Bekannten, Freunden und der Gruppe der Landsleute und außen die Ebene der Institutionen, die mögliche Unterstützung anbieten, Anforderungen stellen, etc.

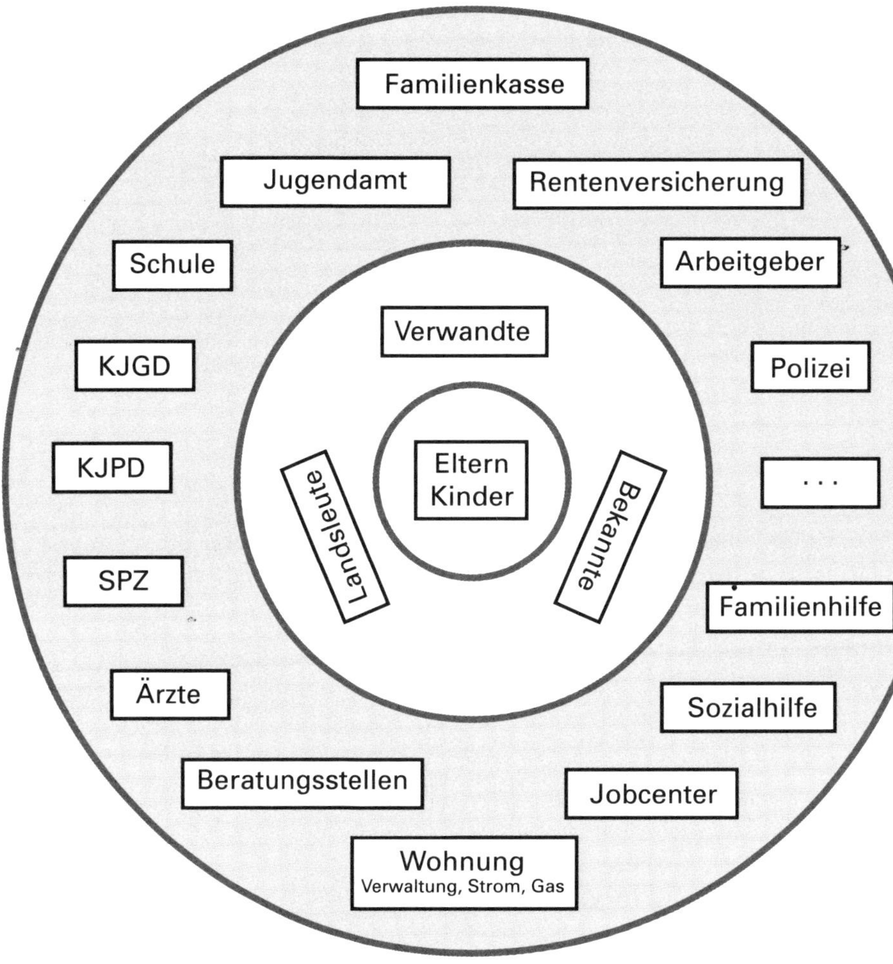

Auffällig sind bei den von mir betreuten Familien nicht die Inhalte und die Anordnung, sondern die strikte Hierarchie, die ich hier oft erlebe. Informationen aus der Ebene 2, d.h. von den Verwandten, Bekannten und Landsleuten, erscheinen ihnen, vereinfacht gesagt, um ein vielfaches glaubwürdiger, sicherer, wegweisender als solche aus der Ebene 3., d.h. von Vertretern von Institutionen. Informationen zum Umgang mit Institutionen, zu Vorgehensweisen und Verfahrensabläufen werden immer wieder „gefiltert", mit Aussagen von Mitgliedern der Ebene 2 abgeglichen und zum Teil infrage gestellt. So wird manches Mal ganz kurzfristig das, was besser „passt", gewählt, nicht das, was wir ausführlich besprochen hatten. Das Handeln der Familie scheint dann von außen betrachtet, sprunghaft und nicht berechenbar.

Bei allen Besuchen, Terminen und zu passenden Anlässen achte ich darauf und arbeite daran, den Horizont der Selbstverwirklichung der Menschen, mit denen ich arbeite, zusammen mit ihnen möglichst weiter zu öffnen. Aber wenn ich „die Macht der zweiten Ebene" nicht ausreichend berücksichtige, sehe auch ich nur noch irrationales Handeln und Diskontinuität und verliere die wirklichen Möglichkeiten aus den Augen.

Sowohl indirekt als auch mit direkten Gesprächen über ihre Entwicklung, auch mit vielen Beispielen, arbeite ich. Theoretisch betrachtet, werden solchen Gespräche in der Regel ohne Widerstand angenommen, aber wenn es um einen konkreten Handlungsschritt geht, erklärt man mir, wie schwer das zu verwirklichen sei, weil die „Umstände" so oder so seien, oder sie den Sinn darin nicht sähen.

Ich erinnere mich z.B. an Frau T. Sie hat wegen ihrer fehlenden Deutschkenntnisse immer mit mir alle wichtigen Termine bei den Behörden gemacht, so auch die Anmeldung zu einem Deutschkurs. Nach einem Monat erfuhr ich, dass sie ganz allein (!) den Kurs abgesagt hatte aus dem Grund, sie habe Kopfschmerzen und könne sich nicht konzentrieren. Als ich eine genauere Untersuchung ihres Leidens vorschlug, war die Antwort: „Ah, das wird schon".

Solche Erfahrungen haben mich früher oft verunsichert. War meine Arbeit für diese Menschen in allen Bereichen (also auch in der Erziehung) wichtig oder nur dahingehend, dass sie durch meine Kenntnisse über das Sozialsystem mehr Sicherheit bekamen, sich darin geschmeidig bewegen zu lernen? Viele Zweifel und negative Gedanken und Haltungen überkamen mich. Ich habe mir und dem Leben diese Frage gestellt. Und auf einmal war die Antwort da:

Betrachte deinen Weg einfach als Erfahrung. Glaub mir, für irgendetwas, was du jetzt noch nicht erkennen kannst, war er gut und sinnvoll.

Das Labyrinth des Lebens, ZANKO

Diese Erkenntnis für mich verstehend, kam Erleichterung in mir auf. Wo ich zuvor grüblerisch und zweifelnd war, entwickelte sich in mir nun die Akzeptanz, dass das Leben für uns alle einen je eigenen Sinn hat. Wie könnte jemand von einer Pflanze schneller zu wachsen verlangen? An ihr zu ziehen hat jedenfalls keinesfalls positive Auswirkung! Aber, um ehrlich zu bleiben: ab und zu zweifelte ich, ob es wirklich Entwicklung zu konstatieren gibt oder ob ich mich selbst betrüge, wenn ich meinte, hier gäbe es Schritte zu sehen. Sind diese winzigen Schritte meiner Klient*innen wirklich Fortschritte, oder dient es nur meiner eigenen Beruhigung, sie zu sehen? Wenn ich jetzt aus der Distanz der Zeit die kleinsten Zeichen des Progresses erkenne, weiß ich: die Pflanzen wachsen und irgendwann werden sie blühen. Ich kann dies nur mit Geduld begleiten, weil das Leben für uns alle den je eigenen Sinn hat.

Gerade im Beratungsgespräch lässt sich immer sehr gut erkennen, dass die Klient*innen nicht nur von naheliegenden Motiven geleiten werden. Im Gegenteil – ihr Verhalten wird entscheidend von Vorurteilen, Präferenzen, sozialen Haltungen oder auch Idealen geprägt, die letztlich erlernt wurden. Eine erfahrene Fachkraft sollte daher auch wissen, wie die Menschen der jeweiligen Familie lernen können (z. B. durch Lernen am Modell) und wie wir selbst diesen Lernprozess aktiv beeinflussen können.

Beim Lernen am Modell liegt die Attraktivität bei dem Erfolg der beobachteten Handlung. Als Beispiel kann ich hier ein wiederholtes Gespräch bei vielen Familien geben. Oft war bei den Hausbesuchen das Thema eine Auseinandersetzung (zwischen den Eltern, den Kindern oder zwischen den Generationen). Nach einiger Zeit der Ruhe, in der wir über die Situation geredet hatten, frage ich die Beteiligten:

„Was haben wir jetzt gemacht?“

Antwort: „Zusammen gesessen und über das Problem gesprochen.“

„War das schwer?“

Antwort: „Nicht so schwer.“

„Könnt ihr es euch vorzustellen, ohne mich so zu sitzen und die Situation zu klären?"

Antwort: „Nur schwer, weil jeder Recht haben will, aber mit dir ist es leichter zu verstehen, dass man ganz anders handeln kann."

Ich weiß, dass es oft viel Zeit und Wiederholung braucht, damit aus einem guten Beispiel eine neue Praxis wird. Deswegen probiere ich, jede positive Haltung zu schätzen und zu zeigen, was sich hier gut entwickelt hat.

Je positiver der jeweilige Mensch ein „Beratungsgespräch" mit der Fachkraft in Erinnerung hat, desto eher wird er bei ihr ein neues Erziehungsberatungsgespräch wiederholen. Frau K. z.B. wiederholte oft Fragen, deren Antworten sie nicht genug verstanden hatte oder von denen sie wenig Kenntnis hatte. Sie schätzte die angebotene Hilfe in Erziehungsfragen und wollte für sich neue Horizonte eröffnen. Mir zeigte sie mit diesen Wiederholungen, welches Thema sie berührte und welches Tempo für sie richtig war. Oft hat die Wiederholung von Fragen bei den Familien aber eher die Bedeutung, die „Richtigkeit" noch einmal zu bestätigen.

Im Prinzip, so denke ich, strebt der Mensch nach innerer Harmonie und Übereinstimmung zwischen seinen Meinungen, seinen Einstellungen sowie seinen Wertvorstellungen. Spannungen bzw. Dissonanzen treten auf, wenn sich eine Person mit zwei Informationen auseinanderzusetzen hat, die in ihrem Bewusstsein an sich nicht miteinander zu vereinbaren sind (Die Dissonanztheorie geht davon aus, dass alle Personen danach streben, unangenehmen Zuständen der Spannung [Dissonanz] auszuweichen). Hier ergibt sich eine ernst Herausforderung für die Fachkraft: Spannungen sind auch ein Thema zwischen Menschen und zwischen institutionellen Erwartungen und denen einer Person. Häufig muss dementsprechend auch die Fachkraft die Eltern mit unliebsamen Meinungen, Anforderungen, Haltungen konfrontieren. Dabei die Gefühle der Eltern nicht zu verletzten, zugleich aber bei der Wahrheit zu bleiben, ist eine dauerhafte Aufgabe – wie können die schon aufgebauten Brücken im Arbeitsprozess genutzt und nicht eingerissen werden?

Ein typisches Beispiel zu diesem Thema: ein Vater einer von mir begleiteten Familie hat einerseits die Kognition „Deutsch zu sprechen ist wichtig", andererseits aber auch die Kognition „Ich spreche kein Deutsch, oder nur wenig". Derartige Spannungen lösen unangenehme Empfindungen aus und motivieren zum Abbau der Dissonanz. Der Weg dazu in diesem Fall: „Ja, aber ich spreche Türkisch, habe für mich eine Arbeit gefunden, der Chef ist toll..." Es wird nach Argumenten gesucht, die seine Entscheidung (keinen Deutschkurs zu besuchen) rechtfertigen und so baut er seine Zweifel an seiner Entscheidung ab. Berücksichtige ich dies nicht im Gespräch, sondern gehe direkt auf die Ebene der Argumentation, ohne zu berücksichtigen, welcher Prozess gerade bei dem Mann dominant ist, ernte ich sofort massiven Widerstand. Hier die Brücke dazu zu finden, dass seine Zweifel an seiner Entscheidung durchaus angemessen sind, ist selbst in „kleinen Dingen" nicht einfach. Humor, Respekt und Vertrautheit miteinander sind an solchen Stellen hilfreich, ein Rezept lässt sich aber nicht daraus gewinnen.

Auf solcherlei Dissonanzen trifft man regelmäßig auch in Situationen, in denen man einen Schritt gehen will, das Selbstbewusstsein der jeweiligen Person herauszufordern, um sie zu weiterer Entwicklung anzuregen. Erfahrungen aus der Praxis zeigen mir immer wieder: Einem Auftreten von Dissonanz durch das Beratungsgespräch und damit der Entwicklung einer eher widerständigen Haltung kann die Fachkraft nur durch die Aktivierung der Klient*innen vorbeugen. Je mehr diese das betreffende Gespräch durch Eigenengagement, durch Ausprobieren oder durch Eigenüberzeugung selbst zu steuern meinen, desto weniger sind kognitive Dissonanzen im Nachhinein zu erwarten. Es ist eine regelrechte Kunst, Menschen dahingehend zu aktivieren. Frau I. wollte ihren Kindern die Freiheit ihrer eigenen Kindheit schenken, die sie in ihrer Heimat als Kind in einem Dorf erlebt hatte. Für sie war es schwer, die Differenz zu akzeptieren, die Unterschiede zwischen einem kleinem Dorf und der großen Stadt, zwischen damals und heute, Bulgarien und Deutschland. Gespräche mit mir über solche Situationen führte sie ungern. Ihr fiel es schwer, den Kindern Grenzen zu setzen, den Zusammenhang mit den Disziplinproblemen ihres Sohnes in der Schule (erste Klasse) zu erkennen und dem entgegenzuwirken.

Frau M. war sehr zögerlich, bei Behördengängen ihre Deutschkenntnisse zu nutzen. Sie sagte immer: „Ich werde mich hinterher nur über mich selbst ärgern, dass ich unverständlich spreche". Dann haben wir angefangen, bei den Telefonaten und Hausbesuchen auf Deutsch zu sprechen. Natürlich bekam sie dafür meine ganze Unterstützung und ich konnte sie schließlich durch ihr eigenes Ausprobieren und die Stärkung ihrer Selbstwahrnehmung aktivieren, einen neuen Blick auf sich selbst zu gewinnen. In diesem Falle war es „einfach", der Widerstand entsprang der Angst, Fehler zu machen, der Scheu, sich ungeschützt in die Kommunikation zu begeben. Ihre Ressourcen (gute Beherrschung der Muttersprache, relativ großer deutscher Wortschatz, gute kognitive Fähigkeiten) waren ausgeprägt und konnten aktiviert werden, sobald sie sich auf die „Trockenübungen" einließ.

Nach meiner Erfahrung entsteht aber in solchen Situationen, in denen wir die Menschen in eine Bewegung bringen wollen, die sie sie selbst nur in sehr geringem Maße wollen, eine Gefahr, der die Fachkraft nicht selten begegnen muss: der Gefahr, als Besserwisserin wahrgenommen zu werden. Wenn die Fachkraft in der Arbeit wichtige Informationen liefern, die den Klient*innen unmittelbar nützlich sind, wird das regelmäßig als ganz toll empfunden. Aber wenn es um die Bereiche geht, wo sie sich eigentlich nicht bewegen möchten, erscheint die Fachkraft in ihren Augen schnell als ungerechter Besserwisser

Die Fachkraft muss sich schon im Vorfeld klar darüber werden, über welches Vorwissen (z.B. im Bereich Erziehung) die jeweilige Person verfügt und auf welcher Wissensbasis sie aufbauen könnte. Ihre Ausführungen muss sie, daran angepasst, dann so formulieren, dass sie die Klient*innen einerseits bei ihrem Wissen „abholt", sodass sie die Erläuterungen auch verstehen. Anderseits muss sie dafür sorgen, dass die Erziehungsberatungen immer spannend genug sind, dass die Klient*innen durch die Erläuterungen nicht gelangweilt sind. Dies ist häufig nicht einfach, lässt sich aber durchaus realisieren. Wichtig ist zu begreifen, dass eine solche Beratung nicht allein an den sachlichen Gegebenheiten und Notwendigkeiten orientiert werden kann, sondern mindestens ebenso an dem Zustand der zu beratenden Person und es vor allem auch darauf ankommt, diese nicht in der Beratung „zu verlieren".

Die Km der **Familie K.** war am Anfang unserer Zusammenarbeit nicht sicher, ob sie es überhaupt schafft, mit ihrem Sohn so zu arbeiten, wie ich es ihr vorschlug und wie ich meinte, dass eine Entwicklung zu erzielen sei, damit er einige Entwicklungsverzögerungen aufholen könnte. Es handelte sich um Empfehlungen wie z.B. gemeinsam malen, etwas mit ihm ausschneiden, ihm Geschichten erzählen usw. Ihre Unsicherheit zeigte sich zunächst durch das Verpassen von Aufgaben und Vergessen von Versprechungen. Hier galt es, Geduld und Hartnäckigkeit zu zeigen. Nach einiger Zeit waren aber bei dem Kind schon aus den zunächst noch sporadischen Förderversuchen der Mutter positive Entwicklungen zu erkennen. Nun konnte die Mutter auch Freude und Begeisterung entwickeln. Sie hat mir späterhin mitgeteilt, dass ihr am Anfang wirklich langweilig dabei war, aber durch die Erfolge begann die spielerische Arbeit mit dem Kind, ihr echte Freude zu bereiten.

Mit der alleinerziehenden Mutter, Frau H. waren die Gespräche mühsam, sie teilte nicht viel mit, antwortete auf die Bemühungen, sie aktiv einzubeziehen, jeweils nur sehr kurz angebunden. Dies lag in der Situation nicht an mangelndem Vertrauen zwischen der Mutter und mir als Fachkraft, sondern an mangelndem Wissen und Verständnis der Mutter, sie fühlte sich überfordert und die Thematik langweilte sie schnell. Ich reagierte darauf, in dem ich meine Art zu sprechen anpasste, selbst auch meine Rede verkürzte, mehr Körpersprache benutzte (Gesten mit den Händen und Mimik), auch ihre Haltung aufnahm, um ihr zu zeigen, wie ich ihre Art zu reden, schätze und so eine Ebene des „Verstehens“ anzubahnen versuchte.

Dies kleine Beispiel macht für mich deutlich, wie wichtig es ist, die Erziehungsgespräche nie einseitig werden zu lassen, nicht ins Dozieren zu kommen. Dann kann es gelingen, nicht nur Informationen verständlich zu vermitteln, durch die Achtsamkeit darauf, dass auch die zu beratende Person zu Wort kommt und beteiligt ist, schafft die Fachkraft die Basis dafür, dass sie in einen aktivierten Zustand übergeht und somit erst „Kanäle“ für die Informationen öffnet.

Die nicht sprachlichen Kommunikationselemente sind dabei nicht zu unterschätzen: das Umfeld sowie die Körpersprache der Interaktionspartner sind zu beobachten, aufzunehmen und ebenfalls „zu beantworten“, um erfolgreich in der Gesprächsführung zu sein.

Der Vater der **Familie S.** zum Beispiel sprach immer mit sehr lauter Stimme, begleitet von vielen ungeduldigen Gesten, er hielt die Distanz zum Interaktionspartner sehr gering. Ich versuchte mehrfach, ihn darauf hinzuweisen, dass er damit negative Ergebnisse erziele, was er aber nicht anzunehmen bereit war. Bei einer Begleitung beider Eltern zu einem Gespräch mit dem Vermieter (die Familie war in eine Notsituation geraten) hat der Vater dann auf genau diese Weise mit der Sachbearbeiterin gesprochen, so dass ich bemerkte, dass sie Angst von ihm bekam und es aussah, als wolle sie schnell etwas unternehmen, um das unangenehme Gespräch zu beenden, was für die Familie fatale Folgen hätte haben können. Ich nutzte die Situation, in der ich dolmetschte, dazu, ihn zwischendurch zu erinnern, seine Hände unter dem Tisch zu halten und die Lautstärke seiner Stimme deutlich herabzusenken. Glücklicherweise verstand er die gute Absicht und folgte der Empfehlung. Bis zum Ende des Gespräches schaffte er es, seine Hände unter dem Tisch zu lassen und auf die ihm vertrauten Gesten zu verzichten. Auch die Lautstärke schaffte er zu regulieren. Dies fiel ihm im Gesprächsverlauf umso leichter, als er bemerken konnte, dass sich die Haltung der Sachbearbeiterin entspannte und sie offener wurde, eine Lösung im Sinne der Familie zu finden. Sobald wir draußen waren, hat er mir aber mitgeteilt, wie schwer das für ihn gewesen sei, eine halbe Stunde bewusst seine Haltung zu ändern. Aber so war offenbar aus unseren vorhergehenden Gesprächen, in denen er scheinbar nur abwehrend gewesen war, doch etwas „hängen geblieben" und hatte in ihm weiter gewirkt, ansonsten wäre er in der kritischen Situation wohl nicht in der Lage gewesen, den Hinweis zu verstehen und sich danach zu richten.

Als Fachkraft prüfe ich im Vorfeld jedes Beratungsgesprächs, das ich vorbereitet führe:

- welche Probleme die Familie oder der Klient hat und welche Chancen zur Lösung existieren,
- welche Motive konkret zugrunde liegen,
- welches Ziel mit dem Gespräch erreicht werden soll,
- welche konkreten Strategien verfolgt werden, um dieses Ziel zu erreichen.

Je besser ich auf die Inhalte vorbereitet bin, desto eher kann ich im Gespräch auch auf die Form achten und die darin liegenden Informationen in der Arbeit nutzen.

Nicht immer aber hat man als Fachkraft die Möglichkeit einer guten Vorbereitung; manchmal entsteht durch aktuelle Entwicklungen eine neue Situation, die ganz andere Interventionen verlangt als die, auf die man sich vorbereitet hat.

Einmal sprach ich mit der Mutter der Familie I. Bei der Vorbereitung des Gespräches habe ich auch schriftliche Materialien auf Bulgarisch für die Familie ausgedruckt, damit sie diese zu einem späteren Zeitpunkt nachlesen und darüber nachdenken konnte. Plötzlich entstand durch das Verhalten des Vaters ein ganz neues Thema. Um mit der Familie im Fluss zu bleiben und angemessen auf sie reagieren zu können, musste ich sofort alles Vorbereitete zur Seite legen, mich auf die neue Situation einstellen und beide Eltern gemeinsam beraten, damit sie ihre Spannungen untereinander dämpfen konnten. Lange Zeit danach konnte ich das vorbereitete Gespräch nicht realisieren. Aber in der Situation hätte ich das Thema der Familie verfehlt, wenn ich am ursprünglich Dringlichen festgehalten oder schnell darauf gelenkt hätte.

Jedes Mitglied der Familie hat seine Bedürfnisse; bewusste Bedürfnisse, die geäußert werden und basale Bedürfnisse, die in der Regel nicht direkt kommuniziert werden, da die Menschen sich ihrer vielleicht gar nicht bewusst sind oder weil sie sie nicht offen mitteilen möchten. Diese Bedürfnisse herauszufinden, besonders bei einem Kind, ist eine Arbeit, bei der ich immer wieder vor der Herausforderung stehe, auch das zu sehen, was nicht im Vordergrund steht.

Bei einem Hausbesuch bei der Familie H. war das Thema: ein Geschenk zum Geburtstag des elfjährigen Kindes. Das Kind äußerte seine rationalen Bedürfnisse (Turnschuhe). Die Fachkraft war glücklicherweise durch die bisherige Arbeit mit dem Jungen, bei der sie bemerkt hatte, wie sehr er sich für nicht nur für das Fußball spielen, sondern auch für berühmte Fußballspieler interessiert und hatte einige Zeit zuvor gesehen, wie er lange und fasziniert ein Sportbuch in einem Schaufenster angestarrt hatte, in der Lage, die Mutter darin zu unterstützen, auch das Bedürfnis des Kindes zu entdecken und dass hinter dem Wunsch nach Turnschuhen ein anderer lag: ein Sportbuch mit berühmten Fußballern. Die Mutter hat den Vorschlag gut angenommen und umgesetzt. Das Buch hatte dann im weiteren Verlauf einen großen Effekt bei dem Kind: es erweckte sowohl seine Lust, mehr zu lesen als auch die, mehr über seine tieferen Wünsche zu sprechen.

Die Kommunikationsprozesse in einer Erziehungsberatung bewegen sich nicht nur im bewussten Bereich, auch das nicht Bewusste spielt dabei eine Rolle, eine deutlich größere sogar. Um zu verstehen, welche Rolle das nicht Bewusste hierbei spielt, ist mir das nach Sigmund Freud entwickelte Eisbergmodell hilfreich. Genau wie bei einem Eisberg, dessen größter Teil unter der Wasseroberfläche liegt, teilt sich die menschliche Wahrnehmung in zwei unterschiedlich große Bereiche: die rationale bewusste Wahrnehmung und in den weitaus größeren Bereich der unbewussten Wahrnehmung.

Bei vielen Familien habe ich z.B. beobachtet, dass sie sich umso mehr öffneten, je länger wir zusammen arbeiteten (nicht immer aber alle Mitglieder gleichzeitig!). Ich vergleiche eine Familie mit einem bunten Strauß. Alle Teile tragen zu dessen ästhetischer Wirkung bei, nicht nur die komplexe Blüte, sondern auch das schlichte Grün und nicht zuletzt die Art, wie das Bukett gebunden ist, wie welche Teile nebeneinander stehen.

Verständigungsprobleme können sich zu Kommunikationsproblemen und Konflikten auswachsen bis hin zu dem Punkt, an dem Erziehungsgespräche unmöglich werden. Dies lässt sich zuweilen vermeiden, wenn ich mir als

Fachkraft der häufigsten Verständigungsprobleme bewusst bleibe.

So prüfe ich, ob die Eltern vielleicht zu wenig Vorwissen haben, um die Ausführungen verstehen zu können, um dann meine Sprache so weit vereinfachen, dass es verständlich werden kann. Oft musste ich auch im Bulgarischen vereinfachen, wenn ich Gespräche mit der minderjährigen Mutter der Familie K. durchgeführt habe, weil mir bewusst wurde, dass sie auch auf Bulgarisch viele Begriffe nicht kennt. Ihre mangelnde Erfahrung in vielen Bereichen des Lebens erforderte, mit ihr nur in sehr vereinfachter und klarer Form zu sprechen.

Es liegt auf der Hand – die Eltern, die wir begleiten, müssen zu Veränderungen in ihrer erzieherischen Haltung motiviert werden. Nur so kann die Erziehungsberatung gelingen. Aktiviert wird Beratungsmotivation im Beratungsgespräch. Ob und wie sie auf die dort gesetzten Anreize aber ansprechen, hängt nicht zuletzt von der vorhandenen positiven bzw. negativen Einstellung der Eltern gegenüber den Zielen ab.

Ein Beispiel: Ein Thema ist gleichzeitig bei zwei Familien (**Familie I. und Familie R.**) aufgetaucht: wie können die Eltern unterstützt werden, zu lernen, den Kindern gut Grenzen zu setzen und wie können die Kinder motiviert werden, sich an den Grenzen nicht zu stoßen. Meine Argumente als Fachkraft waren nicht sehr variabel, ich nutzte die gleichen Beispiele, aber am Ende sind dennoch zwei völlig unterschiedliche Gespräche entstanden. Die Eltern dieser zwei Familien haben unterschiedliche Einstellungen. Diese Einstellungen basieren wiederum auf ihren verschiedenen Erfahrungen. Die Eltern der Familie I. haben viel ausprobiert, um den Kindern beizubringen, dass man Grenzen akzeptieren soll. Sie öffneten sich, ihre Erfahrungen mit ihren Experimenten zu teilen und zu diskutieren. Sie konnten Anregungen aufnehmen und begannen, bei diesem Thema immer mehr, ihren eigenen Weg zu suchen und zu finden. Die Eltern der Familie R. nahmen eher die Haltung ein, mir zu zeigen, dass meine Ideen auch nicht funktionieren. Dann braucht eine Fachkraft manchmal viele Gespräche mit den Eltern, die ihre Widerstände und Motivationen berücksichtigen, bevor eine Entwicklung möglich wird.

In unserer Gesellschaft ist es eigentlich nicht akzeptabel, zu viele und zu persönliche Fragen zu stellen, da ist man schnell als neugierig und aufdringlich klassifiziert. In der Rolle der Fachkraft ist diese Neugier aber durchaus wichtig, Fragen sind uns wesentliches Mittel der Arbeit: Die Fragen können:

- Antworten und Informationen bringen,
- die Klient*innen zum Reden anregen und am Gespräch beteiligten,
- Konflikte und Missverständnisse verhindern oder lösen,
- ein Problem eingrenzen,
- Gespräche in eine gewünschte Richtung lenken,
- erkennen helfen, ob die Ausführungen der Fachkraft von den Klient*innen verstanden werden.

Mir erscheint es wesentlich, als Fachkraft zu berücksichtigen, wie die Klient*innen auf meine Fragen reagieren. Ein Gespräch über Unangenehmes aus der Vergangenheit könnte das zukünftige Aufbauen des Vertrauens erschweren. Beispielsweise haben wir in unserer Arbeit den Standard formuliert, in der ersten Arbeitsphase mit einer Familie ein Genogramm zu erstellen. In der Praxis erstellen wir aber in aller Regel nur ein Genogramm mit allgemein zugänglichen Informationen, denn die eigentliche Genogrammarbeit, die auch Beziehungen, Familientraditionen und vielleicht gar eigentlich Tabuisiertes aus der Familiengeschichte berücksichtigt, bedarf nicht nur einschlägiger Fachkenntnisse, sondern insbesondere auch einer vertrauensvoll gewachsenen Arbeitsbeziehung, die nicht Informationen ihrer selbst wegen erhebt, sondern dem Entwicklungsprozess der Familie folgt.

Bei den von mir betreuten Familien sind, neben den oben schon genannten Verständigungsschwierigkeiten, die möglicherweise auch mangelnden Kenntnisse und Begriffe auch in der bulgarischen Sprache (ein Großteil dieser Familien stammt aus einer Minderheit in Bulgarien mit eigener, allein mündlich tradierter Sprache) eine Quelle von Hindernissen im Beratungsprozess und so soll die Fachkraft immer gewissenhaft prüfen, was die Familie verstanden hat und sich bei jedem Erziehungsgespräch fragen:
- Welche Grundsituation ist gegeben?
- Welche Rolle nimmt sie (nur Berater*in oder Nahestehende*r) zunächst ein?
- Ist ein prinzipielles Interesse auf Seiten der Familie vorhanden oder muss es erst geweckt werden?

Eine gute Orientierung für mich im Beratungsalltag ist die These, dass man sich bis zu 30 % der gehörten Informationen merken kann und bis zu 50 % der visuell dargebotenen Informationen. Hört und sieht der Mensch im Erziehungsgespräch die Information in Form von einem Text, so behält er eher die visuell aufgenommene Information im Gedächtnis. Diese Erkenntnisse konnte ich (aufgrund der mangelnden oder fehlenden Kenntnissen im Bulgarischen bei vielen Familien) nicht oft anwenden, aber zum Beispiel bei einer Familie (**Familie I.**), die keiner Minderheit angehört: der Vater hatte einen Schulabschluss und die Mutter hatte sogar einen Bachelorabschluss, hier konnte ich ganz anders vorgehen als bei vielen anderen Familien, die ich betreue. Die Beratungsgespräche mit der Mutter waren immer leicht durchzuführen, aber der Vater ließ sich wenig ein, wusste alles besser und nach ein paar Minuten hatte er entweder „etwas wichtiges zu tun“ oder musste er „zur Arbeit gehen“.

Ich habe der Mutter ein paar Artikel in bulgarischer Sprache zu Erziehungsfragen gegeben, welche mir in Bezug auf die Problematik der Familie passend schienen. Ich riet ihr, sie solle diese einfach wie „zufällig“ auf den Tisch legen, um die Neugier des Vaters zu wecken. Das hatte dann ein Gespräch zwischen beiden zu den Inhalten zur Folge und half dem Kindesvater, einen neuen Blickwinkel einzunehmen.

Ein **positives Verhältnis** drückt sich nicht nur durch einen positiven Umgang, sondern auch immer durch positive Formulierungen aus. Es besteht ein großer Unterschied darin, ob die Fachkraft mitteilt, was möglich ist, oder ob sie mitteilt, was nicht möglich ist. Das wird die Aufmerksamkeit der Klient*innen auf das Problem und dessen Lösung zentriert halten. Es ist dabei auch wichtig, den Menschen die Möglichkeit zu geben, einen eigentlich anstehenden großen Schritt durch viele kleinen Schritten zu ersetzen. Dann fühlen sie sich am Prozess beteiligt und stärken ihre Selbstwirksamkeit. Das wird ihre Kräfte wecken, die passende Strategie zusammen mit der Fachkraft zu entwickeln.

In manchen Familien bewährt es sich für mich in meiner Arbeit, die Plus-Minus-Methode schriftlich anzuwenden und auf einem Blatt eine Tabelle mit Plus- und Minus-Argumenten anzufertigen. Auf die linke Seite kommen dabei die Einwände, auf die rechte Seite das, was dafür spricht.

Minus/Einwände	**Plus/Vorteile**

Sinnvoll ist es natürlich, diese Liste gemeinsam zu erarbeiten. Als Fachkraft unterstütze ich meine Gespräche regelmäßig dadurch, indem ich immer Stift und Blätter bei mir habe, um Zusammenhänge visualisieren zu können. So finde ich des Öfteren eine Form der Darstellung, in der sich Klient*innen wiederfinden.

Dabei kann man auch immer wieder konkret nachfragen:

- Wie siehst Du das?
- Kannst Du dies so akzeptieren?
- Ist dies aus deiner Sicht nachvollziehbar?

Das hilft sowohl bei den Erziehungsberatungsgesprächen, wenn es z.B. darum geht, Kindern Grenzen zu setzen, aber auch in vielen anderen Bereichen (z. B. wenn die Gesundheit eines Mitglieds der Familie gefährdet ist, weil die Person stark raucht). Ich möchte hier ehrlich sein: es ist nicht leicht und passiert eher selten, dass es gelingt, ein Mitglied der Familie dazu zu bringen, etwas von diesen Kenntnissen umzusetzen und im Alltag zu nutzen. Aber wichtig für mich ist meine eigene Haltung, dafür bereit zu sein, dass es passieren kann und dass ich dies vielleicht befördern kann, wenn ich den rechten Zeitpunkt und die rechte Form dafür finde. Und ich erinnere mich selbst immer wieder daran, dass die Pflanzen ja allein wachsen, ohne dass man an ihnen zieht.

Bei einem Hausbesuch teilte die Mutter der Familie I. mit, dass sie eine wichtige Entscheidung treffen müsse: Die Frage war, ob sie die Kita der Kinder wechseln sollte? Sie hatte zwei Möglichkeiten: dass die Kinder die alte Kita weiter besuchen, die weit weg von der neuen Wohnung der Familie entfernt lag, oder sie würde eine neue in der Nähe suchen. Mit der Plus-Minus-Methode konnte sie schließlich leicht eine Entscheidung treffen.

Minus/Einwände	**Plus/Vorteile**
Die Kinder werden leiden, wenn sie ihre sichere Umgebung (alte Kita) verlieren, die Kinder mögen ihre Erzieherinnen und fühlen sich wohl dort.	Das ermöglicht neue Horizonte den Kindern zu eröffnen: neue Kinder, Erzieher und Erzieherinnen kennenlernen, eine neue Umgebung auch.

Minus/Einwände	Plus/Vorteile
Lange Fahrt zur Kita: bis 30 Min mit dem öffentlichen Verkehr mit Umsteigen, zwei Mal pro Tag.	Kurze Strecke: 5 Min zu Fuß.
Viel Stress auf dem Weg zur Kita: Verspätungen des öffentlichen Verkehrs, unangenehme Erklärungsnot und Schuldgefühle.	Viel Spaß auf dem Weg zur Kita: kein öffentliche Verkehr.
	Mehr freie Zeit, etwas Schönes zusammen zu unternehmen.

Als wir das Für und Wider so gewürdigt und notiert hatten, traf sie ganz leicht ihre Entscheidung. Die Kinder sind inzwischen schon in einer näheren Kita (wirklich nur 5 Min zu Fuß) angemeldet und werden im Sommer zwei Plätze dort haben. Manchmal seufzt jetzt die Mutter: Ich hätte es schon viel früher tun sollen.

Sehr oft stellt sich mir die Frage: Ist das übergeordnete Ziel (**ein besseres Leben in Deutschland zu haben**) von den Familien erreicht worden?
Ich meine, ja, sie haben hier ein besseres Leben, obwohl es auch mit viel mehr Herausforderungen und Verantwortung verbunden ist als ein Leben in der Heimat. Ein Beleg dafür könnte sein, dass ich bei den Schwierigkeiten, die sehr häufig und massiv auftauchen, sehr oft gehört habe: „Dann kehren wir nach Bulgarien zurück". Aber von den Familien, mit denen ich bisher gearbeitet habe, hat es meines Wissens niemand getan.

Aber die Familien haben dazu vielleicht eine andere Meinung, auch der kann ich zustimmen, weil das **Kaleidoskop** viele unterschiedliche bunte Bilder schafft und es gibt im Kaleidoskop nicht die „richtige" Facette.

Ich hoffe, ich konnte meinen bunten Blick auf die Familien deutlich machen und auch auf die Buntheit der Methoden, mit denen ich ihnen zu begegnen suche.

* * *

Bajka[1] - die Geschichte einer Verwandlung

Magdalena Danielewicz und Katarzyna Koziol

Es war einmal ein sehr verträumtes Liebespaar. Das Paar und alle Verwandten lebten in einem abgelegenen und widrigen Ort, der ihnen für die Zukunft nicht viel zu bieten hatte. Deshalb suchte der Mann verzweifelt nach einer Möglichkeit, um seiner Liebsten ein besseres und sorgenfreies Leben zu ermöglichen.

Augenblick mal! „Es war einmal" das klingt doch nach einem Märchen für Kinder während diese Geschichte vielmehr mit der Wirklichkeit einer Familie zu tun hat.

Doch auch im Leben stehen wir zuweilen mit dem einen Fuß im Märchen und mit dem anderen in der Wirklichkeit. Aus diesem Grund und weil auch in der realen Zusammenarbeit mit dieser Familie für uns viel geradezu Unglaubliches geschah, werden wir ihre Geschichte in Form eines Märchens erzählen.

Also..., es war einmal eine Familie. Der Mann, nennen wir ihn hier „Der Abwesende", verließ eines Tages schweren Herzens seine Frau und seinen Heimatort. Er zog hinaus in eine für ihn völlig fremde Umgebung, bekannt unter den Namen „Verwunschener Wald". Er hatte von diesem sagenumwobenen Ort von Bekannten und Freunden gehört. Sie erzählten, dass man dort Gold-

1 Bajka, polnisch Märchen, war für uns beim Schreiben dieser Geschichte unser eigenes Zauberwort, denn es erwies sich als nicht so einfach, die Geschichte aus sich selbst heraus zu erzählen, so nahmen wir zunächst Stück für Stück die realen Begebenheiten und übersetzten sie in eine andere Form, bis diese wieder auf die Geschichte zurückwirkte.

münzen unter jedem Baum finden könne. Es werde dort nicht lange dauern und bedürfe auch keiner großen Anstrengung, um schnell reich und glücklich zu werden. An diesem Ort finde man zudem genug Platz und Reichtum für die ganze Familie. Sie könnte in absehbarer Zeit nachkommen.

Für seine Frau, nennen wir sie „Die Suchende", war die Entscheidung, ihrem Mann zu folgen und nach dem wahren Glück und der Erfüllung all ihrer Wünsche zu suchen, ein Leichtes und das Beste, was sie sich je erträumen konnte. Sie packte also ohne Zögern ihre Sachen, machte sich auf den Weg und zog zu ihrem Mann.

Es stellte sich jedoch sehr schnell heraus, dass das wirkliche Leben im verwunschenen Wald nicht viel mit dem Gehörten und den Vorstellungen der beiden zu tun hatte. Die Verständigung und der Kontakt mit den Wesen, die den verwunschenen Wald bewohnten, gestaltete sich für sie schwierig und war mühevoll. Die Anpassung an die Regeln, die im Wald zu befolgen waren, bereitete ihnen auch große Schwierigkeiten.

Nichts desto trotz wollte das Paar eine Familie gründen, die nach ihrer Vorstellung das genaue Gegenteil dessen seien sollte, was sie selbst einst als Kinder erfahren hatten. Und siehe da, schon bald wurden zwei Kinder geboren. In unserem Märchen nennen wir sie „Die Küken".

Doch egal wie sie sich bemühten, der Fluch der Vergangenheit lastete weiter auf ihnen. Die neue Umgebung, die täglichen Bemühungen die Familie zu ernähren, die Unzufriedenheit und hohen Ansprüche der Suchenden zwangen den Abwesenden, nach immer neuen Wegen zu suchen, um die Gegenwart erträglicher und glücklicher zu machen.

Und so kam es, wie es kommen musste…

Eines Tages ging der Abwesende im Wald spazieren, um etwas Abstand zu gewinnen, ein wenig Ruhe von der Frau, ihrem Gezeter und dem Geschrei der Kinder zu bekommen. Plötzlich stieß er auf einen Weg, den er bisher bei seinen Wanderungen noch nie bemerkt hatte. Zunächst war ihm ein wenig unheimlich, doch dann zuckte er mit den Schultern, seine Neugier siegte und er ging mutig den unbekannten Pfad weiter und weiter...

Schließlich tauchte vor ihm eine Lichtung auf, in deren Mitte eine kleine und ziemlich heruntergekommene Hütte stand.

Vor dieser Hütte saß auf einem Baumstumpf ein Troll. Dieser machte auf den Abwesenden einen sehr glücklichen und sorgenfreien Eindruck. In der rechten Hand hielt er eine Pfeife und in der linken eine kleine Ampulle mit einer verführerisch duftenden Substanz. Der Abwesende näherte sich vorsichtig dem Troll und sprach ihn freundlich an. Auf sonderbare Art und Weise ging von diesem Wesen etwas aus, das den Abwesenden sofort Vertrauen fassen ließ. Er hatte sogleich das Gefühl, dass er dem Troll alle seine Probleme und Sorgen anvertrauen konnte und so begann zu erzählten, was ihn im Innersten bedrücke.

Das Wesen hörte aufmerksam und mit großem Interesse dem Abwesenden zu. Es schaute ihn verständnisvoll an, nickte und brummte manchmal zustimmend, und als der Abwesende ihm schließlich sein ganzes Herz ausgeschüttet hatte, begann der Troll zu sprechen. Er erklärte ihm, dass viele Geschöpfe des verwunschenen Waldes an solchen und ähnlichen Sorgen litten. Er selbst aber verfüge über ein wundervolles Mittel, das die Kraft in sich habe, jede kleine wie große Sorge sofort verschwinden zu lassen.

Freundlich bot er dem Abwesenden an, einen Schluck aus der Ampulle zu probieren. Die Verheißung war so verlockend, dass der Abwesende nicht widerstehen konnte und sich einen Schluck einverleibte. Zunächst brannte der Trank etwas unangenehm im Mund, doch schon bald fühlte er eine wohlige Wärme, die seinen Leib durchströmte und kurz darauf fühlte sich der Abwesende sorglos und federleicht - ein wenig wie über dem Boden schwebend. Alles um ihn herum wirkte farbiger, freundlicher und leichter. Er war von diesem Gefühl so überwältigt, dass er noch mehr von der Flüssigkeit haben wollte, um auch bei anderer Gelegenheit darauf zurückgreifen zu können. Der Troll erklärte, dieses geheimnisvolle Wasser sei sehr rar und kostbar, er selbst kenne nur eine einzige Quelle, aus der es zu beschaffen sei und die Beschaffung sei mit Mühsal und Gefahr verbunden. Somit müsse er für ein kleines Flakon drei goldene Münzen als Gegenwert erhalten. Der Abwesende dachte nicht lange nach und nahm das Angebot an. Dieser Gefühlszustand voller Seligkeit, befreit von allen Kümmernissen und Sorgen war wohl drei Goldstücke wert. So war der Handel geschlossen, die klimpernden Münzen und die Ampulle mit der zauberhaften Flüssigkeit wechselten die Besitzer.

Leider musste der Abwesende auf dem Weg nach Hause schon feststellen, dass die Wirkung des Tranks nicht allzu lange anhielt. „Macht nichts", dachte er bei sich, „so einen Schluck braucht man ja nur, wenn es arg kommt und das ist schließlich nicht alle Tage". Doch kaum war er daheim, wurde er von seiner Frau mit Vorwürfen überschüttet, wo er denn gewesen sei, dass er sie mit der Verantwortung für ihre Küken ganz allein gelassen habe, was er denn mit sich bringe, um ihnen ein besseres Leben zu ermöglichen und, und, und … was sie sonst zu sagen pflegte und auch diesmal nicht zurückhalten konnte. In dieser Situation verspürte er sogleich den starken Drang, noch ein winziges Schlückchen dieses Trankes zu nehmen. Er gab an, eben noch Holz für das Feuer hacken zu müssen und verschwand in den Schuppen. Sofort griff er in seine Rocktasche, öffnete das Flakon und nahm noch einen ganz, ganz kleinen Schluck, mit dem die Flüssigkeit aber schon fast zur Neige ging.

Und so nahmen die Dinge ihren Lauf. Der wunderbare Trank wurde zugleich Segen und Fluch, denn wohl war die Wirkung wundervoll, doch spürte er in sich immer häufiger den Drang, den Alltag damit zu versüßen. Manchmal reichte es ihm, das Flakon in seiner Rocktasche zu umfassen, um die Kraft zu spüren, eine unangenehme Situation durchzustehen, immer öfter aber verschwand er im Schuppen. Das brachte dann auch die Notwendigkeit mit sich, immer häufiger den Troll aufzusuchen, um ihm ein neues Fläschchen abzukaufen. Ging sein Vorrat zu Ende, so konnte er kaum an etwas anderes denken, als sich den nächsten Schluck des Wundermittels zu sichern.

Die Suchende bemerkte schnell, dass der Abwesende zunehmend zufriedener, fröhlicher und sorgloser wurde. Schlau, wie sie war, fiel ihr auf, dass sich sein Zustand immer nach seinen einsamen Wanderungen in den Wald besserte. So entschied sie sich eines Tages, ihm heimlich in den Wald zu folgen und sein Geheimnis zu ergründen. Die Küken ließ sie allein daheim, da das eine schon etwas größer war und es nach ihrer Ansicht schon sehr gut auf das Kleinere achtgeben konnte. So schlich sie ihm unbemerkt nach und beobachtete hinter Gebüsch verborgen seine Unterhaltung mit dem Troll und sah, wie er ihn für etwas bezahlte, was er schnell in seiner Rocktasche verschwinden ließ. Sie hatte genug gesehen und machte sich schnell auf den Rückweg.

Als der Abwesende nach Hause kam, stellte sie ihn zur Rede und er erzählte er ihr die ganze Geschichte. Seine Erzählungen machten sie sehr neugierig und auch sie wollte nun unbedingt von dem Trank kosten. Sie probierte einen kleinen Schluck und spürte sofort die wohltuende Wirkung.

Von dem Tage an versorgte der Abwesende sich selbst und die Suchende mit dem Trank. Dadurch schwand ihr Vorrat an Goldstücken schnell dahin, denn dass unter jedem Baum im verwunschenen Wald ein Goldstück zu finden sei, stimmte nicht - oder diese Goldstücke waren bereits von anderen aufgesammelt worden. Stunde um Stunde musste der Abwesende suchen und machte seinem Namen so ungewollt alle Ehre. Oft half die Suchende ihm dabei, denn das ältere Küken konnte ja derweil das kleinere versorgen. Mit der Zeit zeigte sich noch eine weitere sonderbare Eigenschaft des Tranks. Der Abwesende merkte nämlich, dass er einen immer größeren Schluck davon nehmen musste, um den gewünschten Zustand zu erreichen. So musste er den Troll bald um eine ganze Flasche anstelle eines Flakons bitten. Dieser überlegte und wiegte den Kopf, schließlich sagte er: „Du weißt, der Trank hat seinen Preis. Eine solche Menge zu besorgen, ist nicht einfach. Die Mühsal und Gefahren zu beschreiben, erspare mir, sonst schütteln mich die Gedanken an die erlebte Plage und Angst durch. Diese Flasche enthält so viel wie 10 Flakons und kostet Dich doch nur den Gegenwert von dero fünf."

Fünfzehn Goldstücke! Dann blieb ihnen ja kaum etwas übrig, um ihr tägliches Brot zu bezahlen. Diesmal schlug er schweren Herzens in den Handel ein. Aber er nahm sich vor, nur noch ganz selten einen Schluck zu nehmen und immer weniger und dann wäre es am Ende ein sehr guter Handel, denn hatte er nicht 10 Flakons zum Gegenwert von fünf bekommen? So ging er denn letztlich frohgemut ihrem Heim entgegen und diesmal benötigte er keinen Trank dazu.

Aber ach, im Alltag der beiden ließ sich das nicht durchhalten, wollte sich der eine zurückhalten, so war das Begehr des anderen zu groß und umgekehrt. Nahm der eine einen Schluck, so fühlte sich der andere benachteiligt, bis auch er seine Portion hatte. So ging die große Flasche allzu schnell zur Neige und es sollte nicht die letzte gewesen sein, die sie vom Troll erstanden.

Die beiden gaben so viele Goldmünzen dafür aus, dass das Gold nicht mehr für die Versorgung der beiden Küken ausreichte.

So häuften sich allmählich die Probleme. Das Verhalten der beiden wurde im Wald immer auffälliger. Der Abwesende zog sich immer mehr zurück, immer auf der Suche nach den notwendigen Goldstücken, so dass er sich kaum noch um die Familie kümmerte, die Suchende verhielt sich zunehmend merkwürdig ihren Küken gegenüber, sie wurde launischer, so dass die Kleinen mal überschwänglich mit Liebe überschüttet wurden, aber zu anderen Zeiten auch mit Vorwürfen überhäuft, dass sie nur Kummer und Sorgen über ihre Mutter brächten.

Damit aber verstießen sie gegen die Gesetze des Waldes...

Hoch über den Wipfeln der höchsten Bäume des verwunschenen Waldes kreiste der große Adler. Seinen Augen entgeht bekanntlich nichts. Er hatte alle Bewohner des Waldes im Blick. Seine Aufgabe war es, über die Einhaltung der Regeln des Waldes zu wachen. Eine der wichtigsten dieser Regeln war, dass jedes Wesen sich um seinen Nachwuchs zu kümmern habe, dass er gut gedeihe. Er hatte also einen besonderen Blick auf die Küken, dieser Adler und sein Blick war voller Sorge.

Als er sah, dass ohne weitere Hilfe den Kleinen Leid geschehen könnte, entschied er sich, zu dieser Familie zwei seiner Helfer zu schicken. Er wählte zwei erfahrene Feen mit besonderen Fähigkeiten aus, und er gab den Feen den Auftrag, genau zu schauen, was der Grund für die Vernachlässigung der Küken sei. Nun galt es, auch Pläne zu entwickeln, wie sie ihr Futter und die notwendige Nestwärme bekommen könnten.

Dieser Auftrag war für die Feen wahrlich nicht einfach zu erfüllen. Der Abwesende war geschickt in der Tarnung, der Troll lebte tief im Wald, wo selbst der scharfe Blick des Adlers nicht hin dringen konnte, so blieb das Geheimnis zunächst weiter ein solches. Die Feen probierten dies und das aus ihrem Feen-Zauberkoffer aus, manchmal glaubten sie, nun das rechte Mittel gefunden zu haben, zumeist aber blieben sie rat- und fast schon ein wenig hoffnungslos, denn was sie auch probierten, es veränderte sich nichts für die Küken. Da hatten sie so manches Mal nur einander, ihre Beharrlichkeit aber auch ihren Humor, denn die Feen mögen zart und zerbrechlich wirken, aber haben sie einen Auftrag des Adlers angenommen, gibt es nicht viel, was sie auf Dauer aufhalten kann, diesen zu erfüllen.

Für den Abwesenden aber wurde es durch das Wirken der Feen immer schwieriger, sich den Trank bei dem Troll unauffällig zu besorgen. Er suchte nach Umwegen, um an den Trank zu kommen, ohne dabei die Aufmerksamkeit der Wesen und der Feen zu erregen. So begann er, seine Wanderungen des Nachts zu machen, wenn die Feen schliefen, und niemand ihn beobachten konnte. Seine Wanderungen brauchten nun mehr Zeit, denn im Dunkeln ging er so manches Mal in die Irre. Aber noch etwas passierte: Er traf immer wieder auf andere Bewohner des Waldes, die, ihm ähnlich, scheinbar ziellos durch den Wald streiften und - da war er sich nach einiger Zeit sicher - alle auf der Suche nach dem Troll und seinem zauberischen Trank waren.

Der Troll versorgte nämlich verschiedene Bewohner des Waldes. Manche davon trafen sich regelmäßig auf dem kleinen Teufelsberg, von dem man in den Wald hinunter blicken konnte, um dort zu nächtlicher Stunde zu feiern. Von dort aus waren sie für niemanden aus dem Wald sichtbar. Zuweilen schloss sich der Abwesende dieser Schar an, wenn sie auch weiter nichts verband als der Trank und dass sie ihn alle gleichermaßen brauchten.

Mit zunehmender Zeit konnte der Abwesende von dem Trank gar nicht mehr ablassen. Er fragte schließlich den Troll, was mit ihm los sei? Der lachte laut auf und ließ den Abwesenden wissen, dass das, was er nun erlebte, die schlimmste Nebenwirkung des Trankes sei. Er werde nie wieder davon loskommen und müsse immer wieder zu ihm kommen, um sich weiteren Nachschub zu holen. Er sei schlicht und einfach verloren.

Weiter sprach er: „Schau dir diese ganzen verlorenen Existenzen an. Manche von ihnen kommen seit zwanzig Jahren hierher. Niemand wird sie von meinem Zaubertrank fernhalten können. Sie würden alles dafür geben, ihr ganzes Geld, ihre Gesundheit, selbst die ihrer Familien, um einen weiteren Schluck davon trinken zu dürfen."

Der Abwesende blickte verzweifelt in die Ferne. Wie aus dem Nichts tauchte ein schwarzer Vogel auf und sprach zu ihm: „Du wirst in ein tiefes dunkles Loch fallen, aus dem es keinen Ausweg zu geben scheint. Deine Seele wird nach dem Licht suchen und es finden, es wird Dir den Weg weisen, doch deine Augen werden ihn nicht mehr sehen." Und damit erhob sich der Vogel in die Lüfte und verschwand...

Der Abwesende ging nach Hause. Obwohl er noch immer unter dem Einfluss des Trankes stand, gingen ihm die Worte des Vogels sehr nah und ließen ihn nicht mehr los. Er war vollkommen durcheinander und entschloss sich, am nächsten Morgen der Suchenden die merkwürdigen Geschehnisse zu erzählen. Sie erschrak zutiefst. Sie gerieten, wie so oft, in einen heftigen Streit. Es ging dabei wieder einmal um die Abwesenheit des Mannes von der Familie und um den Trank. Die Frau nahm an, nun sei ihr Mann von allen guten Geistern verlassen, er erzähle Lügenmärchen oder, noch schlimmer, er sei verfangen in Traumgespinsten. Sie entschied, so nicht mehr weiter leben zu wollen.

Und sie verschwand...

Noch am gleichen Tag erzählte der Abwesende den Feen, dass die Suchende gegangen sei. Die Geschichte vom schwarzen Vogel verheimlichte er ihnen, sie war ihm selbst zu dunkel und zu unheimlich. Die Feen aber bemerkten schnell, dass der Abwesende sehr mitgenommen war. Er zog sich vom Waldleben zurück. Er schien dem Troll unbedingt beweisen zu wollen, dass er nicht verloren sei, dass er loskomme von dem verfluchten Trank. So versuchte er, dem Drang zu trinken zu widerstehen, doch immer wieder kam er an die

Grenzen seiner Kräfte, wurde übermannt vom Wunsch, nur einen kleinen Schluck zu nehmen, um sich nur noch einen Moment sorgenfrei und leicht wie eine Feder zu fühlen, um dann umso besser dagegen ankämpfen zu können... So musste er doch immer wieder aufgeben und sich wieder auf den Weg zu dem ihm nun sehr gespenstisch erscheinenden Troll machen, der ihn lächelnd begrüßte.

Nun, da er allein mit seinen Küken war, konnte er aber auf Dauer den Trank nicht mehr vor den Feen verbergen, denn in ihrer Sorge um die Küken kamen sie noch häufiger und zu unvorhersehbaren Zeiten vorbei und so blieb es nicht aus, dass sie ihn unter Einfluss des Trankes vorfanden und so kam es schließlich heraus. Als sie die ganze Geschichte von ihm hörten, dachten sie besorgt, dass der Troll Recht habe, dass der Abwesende verloren sei und nichts mehr helfen könne.

Der Adler bemerkte die damit einhergehende Resignation und Traurigkeit der Feen. Zu ihrer Überraschung flog er aber nicht los, um die Küken sofort zu holen. Stattdessen sprach er lange und mit sanfter Stimme zu ihnen, zeigte ihnen, was sie bereits für die Familie getan hatten und dass das doch nicht umsonst sein dürfe und flüsterte ihnen neuen Mut ein. „Der Kampf dieses Mannes ist noch nicht verloren“ raunte er, „der Trank scheint stärker als er, doch er hat noch nicht von seinem gesamten Herzen Besitz ergriffen. Mit Eurer Intuition und Eurem Einfühlungsvermögen könnt ihr den freien Teil des Herzens stärken, wir werden sehen, was dann geschieht“ So bestärkte er sie in der Entscheidung, weiter zu machen und nach Lösungen zu suchen. Der Adler schaute in die Augen der Feen und sprach: „Wenn ihr sein Herz retten wollt, dann verbindet Euch mit Euren Herzen, denn mit dem Herzen sieht man besser“. Und den Feen wurde in diesem Moment bewusst, dass sie auf die Magie ihrer Herzen vertrauen konnten und dass in der ganzen bedrohlichen Entwicklung doch noch ein Funken Hoffnung steckte.

Sie bemerkten auch am Verhalten des Abwesenden, dass irgendetwas mit ihm geschehen war, was ihn auf andere Weise merkwürdig und noch abwesender erscheinen ließ als schon zuvor. Sie ahnten, dass es nun wirklich schlimm um ihn stand. Aber sie hatten ja auch alle Hände voll zu tun, die Küken zu versorgen, denn die Mutter war fortgegangen und der Vater war, nun ja, der Abwesende.

Er versuchte zwar mit den noch unversehrten Teilen seines Herzens, seine Küken zu versorgen, denn diese waren ihm wirklich wichtig. Er erzählte den

Feen, dass er nach der Trennung von der Suchenden mehr auf seine innere Stimme höre und dass es ihn selbst überrasche, wie schnell er trotz seiner bisherigen Trägheit die Verantwortung für seine Küken habe übernehmen können.

Doch der Trank blieb mächtiger als er, auch wenn er mitunter wieder Hoffnung empfand. Auch grübelte er weiterhin über die Worte des schwarzen Vogels nach und immer wieder überkam ihn heftiges Zittern, so dass ihm nichts blieb, als sich in sein Bett zu verkriechen und zu hoffen, er werde es irgendwie überstehen.

In dieser Zeit wurden für den Abwesenden die Nächte immer länger, die Tage immer kürzer und er verkroch sich immer öfter in sein Häuschen. Er trank die Reste des Tranks aus und versprach sich selbst, das seien die letzten Tropfen für immer, wie er das nun schon oft getan hatte.

Doch dann trieb es ihn erneut in den Wald und neuer Trank musste her. Wieder sagte er sich, dies sei das allerletzte Mal, dass er den Troll aufsuche und er gab dafür sein letztes Gold und auch die beiden Goldstücke, die er für seine Küken zurückgelegt hatte.

So trank er, zugleich selig und von Abscheu über sich selbst erfüllt, und trank und trank, bis es plötzlich war, als träfe ihn ein Blitz. Er war geblendet und spürte, wie sein Inneres entflammte und dann wurde alles schwarz und mit einer Drehung fiel er der Länge lang zu Boden und lag da wie ein Stein.

Die Feen fanden ihn schließlich in tiefem Schlaf am Rande des Waldes, nicht weit von seinem Häuschen. Dorthin brachten sie ihn, doch was sie auch unternahmen, es gelang ihnen nicht, ihn wieder zu wecken.

Der tiefe und lange Schlaf machte alle ratlos. Es vergingen Wochen voller Verzweiflung und Ungewissheit. Heiler aus allen Winkeln des verwunschenen Waldes und ferner gelegenen Wäldern kamen, beratschlagten, schlugen dies und das und jenes als Heilmittel vor. Doch keine Tinktur, keine Kräuterumschläge, kein Aderlass konnte ihn wecken. Kein Kitzeln mit Federn, kein Piesacken mit Nadeln und was die Wissenden in ihrer Ratlosigkeit sonst an ihm probierten, hatte auch nur die geringste Wirkung. Er war und blieb ein atmender Stein. So kamen sie schließlich überein, dass alle Heilkunst hier vergebens sei und dass nichts bliebe, als zu warten, dass der Kranke seine Atmung einstelle und sich in seinen Tod füge.

Doch als die großen und weisen Heiler sich abgewendet hatten, traute sich ein junger Lehrling der Heilkunst hervor, der bisher schüchtern ganz am Rande ausgeharrt und sich nicht getraut hatte, die Beratung der Weisen zu stören.

Er hatte aus Kräutern des Waldes und Algen des Baches, aus dem Saft junger Birken, aus Goldstaub und noch manch anderen exotischeren Ingredienzien ein neues Elixier gebraut und meinte, wenn denn alles nicht helfe, könne er ja auch sein neues Heilwasser an dem Schlafenden probieren. Gesagt getan.

Der junge Heiler benetzte die Lippen des Erstarrten mit seiner Tinktur und es gelang ihm, dass ein Tropfen der seltsamen Flüssigkeit seinen Weg ins Innere des Abwesenden fand. Er rann durch seinen Mund die Kehle hinab und fand den Weg zu seinem Inneren - und der Abwesende - erwachte!

Er war äußerlich gezeichnet von dem langen, harten Kampf, sieben ganze Wochen hatte er bewusstlos gelegen, doch nun war etwas Neues, Waches in seinen Augen zu erkennen. Von diesem Moment an begann seine Verwandlung.

An dieser Stelle, lieber Leser, werden wir ihm einen neuen, passenderen Namen vergeben.

Der Abwesende wird von nun an „der Erwachte“ heißen.

Das erste Anzeichen für seine kaum fassbare Verwandlung war seine nunmehr aktive Teilnahme am Familienleben. War er bisher in der Regel nicht da, oder schien lediglich körperlich anwesend, so war er von nun an zentriert auf seine Familie und auf seine Aufgabe. Lang und ausführlich erzählte er den Feen, die sich ein ums andere Mal ungläubig anschauten, was er während seines, tiefen, tiefen Schlafs erlebt hatte.

Erneut war ihm ein Vogel erschienen, diesmal aber einer mit schneeweißem Federkleid und tief dunklen Augen. Der ließ ihn sehen, wie er sein inneres Licht durch den dauerhaften Gebrauch des Tranks fast zum Erlöschen gebracht hatte. Und er konnte sehen, was er den Wesen, die ihm nahestanden, mit seinem Verhalten angetan hatte. Diese beiden Bilder, sein dem Erlöschen nahes inneres Licht und die Not seiner Liebsten blieben ihm wie in Öl gemalt vor Augen.

Der Erwachte fragte die Feen, wie er zuvor gewesen sei, warum sie denn noch da seien, wo er doch so hoffnungslos verloren gewesen war. Die Feen aber antworteten: „Wir alle werden geboren mit der Fähigkeit, bewusst zu leben und die Chancen des Lebens zu ergreifen. Wir haben die Wahl, uns für uns zu entscheiden, auch wenn wir zuvor andere, gegenteilige Entscheidungen getroffen haben. Wer vom Weg abweicht, ist nicht ganz verloren, solang er sich nicht selbst verloren gibt. Deshalb haben wir den Auftrag, für euch da zu sein. Manchmal müssen wir zusehen, wie jemand sich ganz verliert und versinkt, doch manchmal sind wir auch Zeugen eines Wunders und haben Teil daran, wie einer sich wieder findet und sich aus dem Sumpf befreit." So sprachen sie dem Erwachten Mut zu, dass er sein Herz erreichte und wirksam wurde.

Der Erwachte verspürte zweierlei, nachdem er sich aus seinen tiefen Träumen hatte losreißen können: eine übergroße Dankbarkeit, nochmals eine Chance in seinem Leben zu bekommen, und zum zweiten die unbändige Kraft und den unbeugsamen Willen, aus seinen Verfehlungen zu lernen, dem starken Drang, zu dem Zaubertrank zu greifen zu widerstehen und die vielfältigen Aufgaben, denen er sich noch nie zuvor wirklich gewidmet hatte, anzugehen. Und immer, wenn er spürte, wie seine Kraft nachließ, wenn der Drang stärker wurde, mit einem kleinen Schluck des Zaubertranks alle Not für eine Weile hinter sich zu lassen, war der neue Zauber des weißen Vogels da und ließ ihn die beiden Bilder sehen und wenn auch die Mühsal nicht nachließ und die Berge der Aufgaben schier in den Himmel wuchsen und der Drang zum Trank an seiner Seele zerrte, so erschienen die beiden Bilder des weißen Vogels und gaben ihm – auf eine Weise, die er selbst nicht verstand -, neuen Mut und ausreichend Kraft, den Verlockungen des Trolls zu widerstehen.

Nun übernahm der Erwachte alle Verantwortung für das Leben seiner Küken und auch für sein eigenes. Und neben seinen Kraftbildern entfachte auch der Glaube der Feen in ihm neues Feuer. Sein Blick wurde wacher und leuchtend von seinem wiedergefundenen inneren Licht.

Alle Bewohner des Waldes konnten die Veränderung seines Wesens wahrnehmen. Er zeigte sich ihnen plötzlich freundlich, nett und hilfsbereit gegenüber. Er fing an, Anteil am Leben im Wald zu nehmen, er öffnete sich für gemeinsame Unternehmungen und Pläne, und er lernte, andere um Unterstützung zu bitten, wo er sie benötigte. So begann er, sein Leben neu zu genießen und fand Frieden darin, Teil der Gemeinschaft des Waldes zu sein. Die beiden Feen, die jeden und alles in der näheren Umgebung kannten, unterstützten dies nach Kräften und zeigten ihm viele Orte und machten ihn mit vielen Waldbewohnern bekannt, die hilfreich für ihn sein konnten.

Das Wichtigste jedoch war dem Erwachten das Gedeihen seiner Küken. Er lernte allmählich, seine innere Stimme dafür zu entwickeln, welche Bedürfnisse und Befindlichkeiten seine Küken hatten, was sie wollten und was ihnen gut tat. Er sorgte für sie im Familienalltag, kam pünktlich, wenn etwas für eine der Kleinen anstand, und einmal lud er gar die Feen zu einem Festmahl ein, um mit ihnen sein neues Leben zu feiern und ihnen seine Dankbarkeit für ihre Hilfe zu zeigen.

Seit er die Goldmünzen nicht mehr für den Trank nutzte, konnte er viele auf die Seite legen. Damit gelang es ihm, das recht heruntergekommene Häuschen wieder wohnlich zu machen, er konnte das Dach reparieren, den fast zerfallenen Schuppen neu errichten, zimmerte gar neue Betten und einen neuen Tisch für die Küken.

Und so blühten auch die Küken auf, ihr Federflaum wurde sichtlich gepflegter und das erbärmliche Piepsen vor Hunger und Mangel an Nestwärme ward nicht mehr vernommen im Wald. Die Liebe und nun entfachte Aufmerksamkeit des Erwachten weckte auch in den Küken neue, positive Kräfte.

So hätte denn die Geschichte hier auch märchenhaft enden können, doch spielt sie auch im wirklichen Leben und das Schicksal hielt noch weiteres für die Familie bereit.

Die neue Klarheit seines Blicks nach all der trüben Vernebelung durch den Trank brachte für den Körper des Erwachten eine große Anspannung mit sich. Das innere Licht brannte hell, doch nicht alle Wunden, die die Vergangenheit geschlagen hatte, konnten dadurch geheilt werden. Der Preis für die neue Klarheit des inneren Blicks war noch zu zahlen und so sah der Erwachte eines Morgens nur noch verschwommene Umrisse der Gegenstände um ihn herum, als er aufstand. Der Erwachte blieb erstaunlich ruhig und gefasst. Er wartete auf den Besuch der Feen und teilte ihnen mit ruhiger Stimme die neuste Entwicklung mit.

Die Feen baten erneut den Heiler in die Hütte des Erwachten, fragten ihn um Rat, doch dieser wusste nichts anderes, als weitere, größere Heiler herbeizurufen. Viele Wässer und Tinkturen wurden am Erwachten probiert, doch helfen konnte ihm nichts davon. Die äußere Welt blieb dem Erwachten von nun an verschwommen und konturlos; beinahe blind musste er sich durch die Hütte und den Garten und den umliegenden Wald tasten. Dank seines inneren Lichts gelang es ihm dennoch, zum Erstaunen der Feen und anderen Wesen des Waldes, den Alltag weiterhin zu meistern. Er gab nicht auf. Er suchte nicht erneut den Weg zum Troll und seinem Zaubermittel. Er konnte es selbst nicht begreifen, dass er diese innere Stärke entwickelt haben sollte, auch einen solchen Schicksalsschlag zu tragen. In Demut nahm er ihn hin und an.

Für die Chance auf ein zweites Leben, so sagte er, schien ihm das der geringste Preis. Und so lebte er denn weiter sein Leben mit seinen Küken, und…

…der Leser, mag sich fragen, was denn aus der Suchenden geworden sei? Das sei ihm gern verraten.

Nach ihrem Verschwinden aus dem Leben ihrer Familie suchte und fand die Suchende sehr schnell erneut einen Mann, der ihr wie das Versprechen des Glücks erschien. Sie glaubte, er sei der Richtige, all die Erwartungen, die sich in ihrem Leben bislang nicht erfüllt hatten, zu erfüllen. Diejenigen, die sie aus dem Wald kannten, warnten: dieser neue Prinz werde nicht mit ihr allein sein Glück suchen und finden können. Sie werde nicht die einzig Auserwählte sein … Aber das focht sie nicht an, denn er verwöhnte sie mit langen Spaziergängen, er bot ihr festliche Abendmahlzeiten beim Flackern vieler Kerzen, er malte ihre Zukunft in den schönsten Farben und so verfing sich die Suchende immer tiefer in dem, was er ihr bieten werde und folgte ihm in eine andere Welt, weit außerhalb des verwunschenen Waldes.

So blieb ihr weiteres Schicksal auch den Feen ein Geheimnis. Nur so viel sei gesagt: Man kann blind durch das Leben schreiten, obwohl man zwei gesunde Augen hat.

* * *

Schlussbemerkung

Die geschilderten Einblicke in die ganz praktische aufsuchende sozialpädagogische Arbeit mit Familien und jungen Menschen zeigen u.E. sehr deutlich, welche Bedeutung, neben dem methodischen Handwerkszeug, die jeweils ganz individuelle Beziehung zwischen der *einzigartigen* Fachkraft und der *einzigartigen* Familie, dem *einzigartigen* jungen Menschen für den Verlauf der Hilfe hat. Die Haltung, der Respekt, die Wertschätzung, das wirkliche und achtsame Verstehen wollen tragen entscheidend dazu bei, ob Familien bzw. einzelne Familienmitglieder motiviert und begeistert werden können, neue Verhaltensweisen auszuprobieren bzw. neue Wege zu erkunden.
In den beschriebenen Hilfeprozessen wird deutlich, dass dort, wo die Fachkräfte in der Lage waren,

- sich auf belastende Lebenssituationen von Familien und jungen Menschen einzulassen,
- professionelle Beziehungen zu gestalten,
- wirkliche Begegnung zuzulassen,
- tatkräftig zu unterstützen, wenn die Belastungen und Anforderungen gerade mal wieder zu groß wurden,
- die Familie, den jungen Menschen und ihr / sein zu System verstehen,
- Ressourcen aufzuspüren und erfahrbar zu machen,
- zu ermutigen, zu fördern und zu fordern,
- Orientierung zu geben und Grenzen aufzuzeigen,
- Familien, junge Menschen an ihre Selbstwirksamkeit heranzuführen,
- den Mut zu unkonventionellen Interventionen aufzubringen,

Entwicklungschancen von den Adressaten gut genutzt werden konnten.
Alice Salomon formulierte zutreffend, dass die die Kunst des Helfens mit der Kunst des Lehrens zusammenhängt, und dass es am Ende darum geht, die „Kunst des Lebens zu lehren".

Um diese intensive Arbeit erfolgreich leisten zu können, bedarf es guter Rahmenbedingungen für die Fachkräfte wie z.B. genügend Zeit für die Arbeit mit den Menschen, aber auch genügend Zeit für Reflexion und Fortbildungen. Auch wenn in den letzten Jahren viele sozialräumliche offene Angebote für Familien in Not entstanden sind, so bedeutet es für viele Familien einen langen

Weg und für viele auch eine hohe Hürde, diese nutzen zu können.

Aufgrund unserer nun 20jährigen Erfahrung im Bereich der ambulanten Hilfen zur Erziehung können wir uns nur für die Beibehaltung des ganzheitlichen sozialpädagogischen Ansatzes (Entlastung, Hilfe zur Selbsthilfe, Vernetzung) in der Arbeit mit Familien in Not einsetzen. Dieser basiert auf erfolgreicher Beziehungsarbeit und radikalem Respekt gegenüber den Menschen, mit denen wir arbeiten.

„Die Menschen vergessen, was Du gesagt hast und was Du tust. Aber wie sie sich in Deiner Gegenwart gefühlt haben, vergessen sie nie.“ [1]

Zum Schluss möchten wir uns ganz herzlich bei unseren Kolleg*innen bedanken, die mit ihrem großen Engagement, mit Anteilnahme, Ausdauer und Zuversicht vieles bewegen.

Ganz besonderer Dank gilt dabei den Autorinnen dieser „Erzählungen“.

Magdalena Danielewicz
Elisabeth Esper
Ulrike Hahn McKnight
Najwa Haider
Ksenija Jüngling
Katarzyna Koziol
Diana Martin
Xiaoqing Xu

* * *

1 Maya Angelou (1928-2014): Maya Angelou war eine US-amerikanische Schriftstellerin, Professorin und Bürgerrechtlerin. Sie war eine wichtige Persönlichkeit der Bürgerrechtsbewegung der Afroamerikaner in den USA.

LebensWelt

Maxstr. 3a
13347 Berlin
Tel.: 030 - 61 62 56 01
Fax: 030 - 61 62 56 26
E-Mail: info@lebenswelt-berlin.de
www.lebenswelt-berlin.de

20 Jahre LebensWelt

1999 - 2019